# CLÉMENT BALME

# MON VOYAGE

A

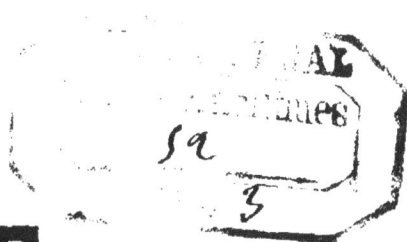

# NICE.

1863.

NICE.

IMPRIMERIE ADMINISTRATIVE DE F. FARAUD ET COMP.

Rue du Pont-Neuf, N°. 9.

# A MON AMI FRANÇOIS GALLET.

Je vais vous faire une surprise, cher ami. Depuis mon départ de Bettant, j'ai imaginé d'écrire quelques notes pour y consigner les impressions diverses, tant de mon voyage que de mon séjour à Nice.

Je n'ai pas besoin de vous dire que, dès l'origine, ces notes vous ont été destinées. Il m'a paru qu'il ne serait pas tout à fait sans charme pour vous, que je vous fisse ainsi voyager avec moi en pensée, et que je fisse passer sous vos yeux comme une photographie épistolaire de tout ce que j'aurais pu trouver de nouveau, de curieux ou d'intéressant dans les lieux, les sites, les sociétés, les personnes; comme aussi dans les réflexions et les comparaisons que ces aspects m'auraient inspirées au point de vue du plus ou moins de ressemblance ou de différence que j'y aurais rencontré, avec les lieux, les sites et les sociétés qui nous étaient primitivement connus.

Pour des gens élevés, comme nous l'avons été tous deux, dans les paisibles travaux des champs, et qui n'avaient jamais franchi l'horizon de montagnes qui borne le regard dans notre pays natal, tout est nouveau, tout est étonnant dans un voyage, et bien plus encore dans un voyage lointain, entrepris avec la pensée d'un long séjour au dehors. C'est une rupture avec toutes les habitudes de son passé, d'un passé aimé et sympathique, et celà pour entrer dans une vie nouvelle, en dehors de toute habitude, et souvent de toute sympathie. Plus de ces rapports faciles et familiers de chaque jour avec des choses et des personnes connues, avec ces êtres chers, à la vie desquels s'est jusqu'ici mêlée notre vie, et qui étaient devenus comme une portion de nous mêmes : une mère tendre dont l'affection repose notre âme et lui fait comme un doux nid de soins et de tendresse; ou des amis, tels que vous l'avez toujours été pour moi, près de qui la pensée se sent à l'aise, et le cœur s'ouvre naturellement, avec la certitude d'être compris, et, sinon d'être toujours approuvé, du moins d'être toujours accueilli avec fraternité et indulgence.

L'année dernière, quand je m'éloignais pour la première fois, tous ces sentiments là bouillonnaient au fond de mon âme ; mais ils ne se montraient qu'à l'état vague, comme une sorte de serrement de cœur que je ne pouvais définir, et dont, d'ailleurs, la maladie m'empêchait de me faire à moi-même une analyse raisonnée. Je sentais bien que j'allais vers l'inconnu, et cet inconnu même me pénétrait bien d'un certain effroi ; mais le mal absorbait une portion de ma sensibilité ou plutôt me frappait d'une sorte d'apathie morale qui m'empêchait de réfléchir, de sorte que je me laissais emmener machinalement comme quelqu'un en qui la préoccupation de sa santé semble avoir étouffé toute autre idée. Mais cette année ce fut bien différent.

Mon voyage n'était plus l'inconnu. Je savais où allaient se diriger mes pas. Je n'avais plus à me préoccuper des sinistres pronostics qu'il est d'usage de faire dans nos contrées au sujet des personnes atteintes de la moindre débilité de constitution. J'avais déjà puisé, l'année dernière, un renouvellement de force et de vitalité aux sources mêmes de la chaleur. Je savais que mon voyage avait pour but de me ramener sous ce ciel clément qui ignore les frimas, et où le sombre hiver lui-même conserve la douceur et toutes les apparences du printemps, tellement il s'éclaire d'un beau soleil et sait se garder un splendide manteau de verdure, émaillé de fleurs et de fruits.

Mais précisément, moins j'étais préoccupé de moi-même, plus mon âme avait de liberté pour sentir le vide dans lequel elle allait entrer. J'ai déjà parlé de la si douce affection de ma mère, et du sentiment si vrai de notre bonne et cordiale amitié. Je sentais plus que jamais que tout cela allait me manquer : car, l'année dernière, une fois arrivé et un peu remis des fatigues de mon voyage, j'avais pu apprécier la tristesse de cette privation. Il y a bien de la différence entre ces soins vénals que l'on reçoit pour de l'argent, d'étrangers indifférents ou cupides, et ce dévouement plein d'âme et de cœur dont on s'est habitué à se voir l'objet de la part d'êtres chers se montrant eux-mêmes heureux des effort qu'ils font pour aider à notre bien-être.

O mon bien cher ami, voyager, c'est-à-dire, parcourir des contrées, des terres nouvelles, voir de nouveaux peuples et de nouvelles mœurs, habiter, comme je le fais en ce moment, des climats bénis où le soleil est toujours brillant et le ciel toujours bleu, tout cela serait sans doute très beau, si nous pouvions emporter avec nous tout ce que notre cœur aime, tout ce qui fait notre vraie vie ! Mais, si brillant qu'il puisse se produire, le soleil perd beaucoup de son éclat, l'azur de sa splendeur, quand tous deux n'éclairent en notre âme qu'une solitude et un désert. Ce vide, je ne l'avais que trop connu, l'année dernière, et, au moment de m'y replonger, mon cœur, qu'avaient ravivé quelque peu pendant cet été la douce chaleur des sentiments de famille et les bonnes communications de notre commune amitié, pouvait-il ne pas se sentir serré et comme glacé par un froid subit ?

Les moindres objets qui s'étaient trouvés mêlés dans le pays à ma vie d'expansion et de sentiment, prenaient pour moi au moment de les quitter, un attrait et un intérêt nouveaux. Mon chien Pyrame, ce fidèle compagnon de mes promenades solitaires, me rappelait le plaisir que j'avais à le considérer: tantôt chassant avec ardeur et poursuivant de ses glapissements plaintifs la piste du lièvre agile; tantôt silencieux, la tête en avant et l'œil fixé vers un point du sol, maintenant sous son arrêt, la caille ou la perdrix prête à prendre un vol effrayé; tantôt aussi reposant calme et paisible à mes pieds, pendant que, mollement étendu durant la chaleur du jour, sous l'ombre d'un arbre touffu, où je laissais errer ma pensée dans un vague plein de charme; ou, quelque livre à la main, tantôt je savourais la douce mélodie des vers de quelqu'un de nos poëtes, tantôt je m'initiais par l'histoire aux luttes émouvantes des âges passés.

Ma petite jument noire aussi avait part à mes regrets : je la voyais, dans ma pensée, tantôt fougueuse et rapide m'emportant comme le vent dans ma voiture dont les roues brûlantes rasaient le sol, laissant derrière elles un nuage de poussière; tantôt calme et docile au frein, modérant son allure, et me permettant par sa marche lente et posée de me laisser aller à une vague et douce rêverie.

Tels étaient, mon cher ami, les sentiments divers qui

s'agitaient dans mon cœur au moment de mon départ, et qui continuèrent longtemps après les embrassements de ma bonne mère, avec le regret que votre main amie que j'avais, il est vrai, déjà serrée la veille, ne se trouvât pas là de nouveau pour donner à la mienne une nouvelle et dernière étreinte.

Je m'étais assis assez machinalement dans le wagon qui devait m'éloigner de vous et de tout ce que j'aimais, et déjà il m'emportait dans sa course rapide, que toutes ces images et tous ces souvenirs, à la fois charmants et tristes, n'avaient pas cessé d'occuper ma pensée. A peine si j'apercevais comme la vague silhouette des arbres dont la route est bordée, et qui semblaient fuir derrière nous d'une course précipitée. Les premières stations passèrent successivement devant moi sans que je parusse m'en apercevoir. Je ne songeais même pas à y jeter un regard, et je me trouvai arrivé à S. S***, qu'à peine avais-je eu le temps de reconnaître que j'étais parti et que bien réellement chaque coup de piston de la locomotive marquait autant de pas gigantesques du monstre aux flancs de bronze et aux naseaux fumants, qui m'emportait si rapidement loin de vous.

Vous savez quelle heureuse journée je vous ai dit y avoir passée. Un dieu favorable, pour me faire oublier une partie de mes peines et de mes tristesses du moment, avait envoyé sur mon chemin un ange, la charmante M<sup>lle</sup> V*** qui m'accueillit avec tant de cordialité, elle et toute sa famille, et dont la douce et affectueuse sympathie m'a laissé un si bon et si gracieux souvenir.

Ce souvenir rendit moins pénible le reste de mon voyage. J'arrivai à Lyon le lendemain soir. J'y admirai cette illumination brillante des quais et des promenades qui me fit reconnaître la grande ville. Après avoir considéré quelque temps cette foule animée qui encombrait les trottoirs et à laquelle je me mêlai pendant quelques instants, je m'enquis du spectacle qui se jouait ce soir là. L'affiche portait en gros caractère ce titre : *Le Bossu.* Je connaissais déja, par le roman, l'intrigue assez émouvante de cette pièce, dont le sujet principal est une orpheline, fille d'un grand seigneur qu'un autre grand personnage poursuit et veut faire disparaître pour en recueillir l'héritage, et qui est sauvée et, à la fin, remise en possession de ses droits par le dévouement d'un homme de cœur, un chevalier qui, dans une portion de la pièce, simule l'infirmité d'une bosse, et, par ce moyen, peut même s'introduire au milieu des ennemis de la jeune fille sans en être reconnu.

Cette pièce, égayée par les excentricités comiques de deux chenapans, vieux soudarts ou plutôt assassins mercenaires, dont l'épée est au service, même pour un crime, de quiconque veut les payer, m'a paru assez bien rendue par les artistes, dont je ne me rappelle pas les noms, mais en qui j'ai reconnu du talent. Du reste, Lyon, la seconde ville de France, est assez renommé pour ses théâtres dont les troupes ne sont pas de beaucoup inférieures, m'a-t-on dit, à celles des meilleurs théâtres de Paris, du moins en ce qui concerne les rôles principaux; et il est à la connaissance de tout le monde que beaucoup des artistes les plus aimés à Paris ont ou débuté ou joué plus ou moins de temps sur l'une des deux scènes dramatiques des théâtres de Lyon.

Une chose m'a manqué à cette représentation: c'est votre propre présence sur laquelle j'avais compté, en raison de l'espoir que vous m'aviez donné de vous voir venir me rejoindre à Lyon. C'eût été pour moi une bien grande satisfaction, et votre absence m'a causé un grand désapointement et un vif regret.

Le lendemain la locomotive m'emportait encore. Je roulais rapidement sur la route d'Avignon. Je m'arrêtai quelques instants à Montélimart, pays classique des *nougats*. Je voulus par moi-même vérifier la qualité de ce produit indigène, et je ne le trouvai pas beaucoup au-dessous de sa réputation. Avignon, l'ancienne ville des Papes, où j'arrivai quelques heures après, ne m'a rien offert de bien remarquable. Son ancien Palais des Papes est plutôt un château fort qu'un palais. Les murs en sont hérissés de crénaux et de machicoulis. En différents endroits la muraille extérieure est creuse et renferme des chambres assez vastes, où l'on se rend par des escaliers aussi percés dans son épaisseur. On m'a montré la salle où l'inquisition soumettait à la torture ses malheureuses victimes. C'est une immense salle, voûtée en pain de sucre. On voit encore à la voûte l'anneau de fer par lequel passait la corde qui servait à attacher par les pieds les malheureux qu'on voulait torturer, et que l'on élevait ainsi jusqu'à une hauteur prodigieuse, pour les laisser subitement retomber par leur propre poids, ce qui produisait une dislocation de tous leurs membres. Cette salle, formée de pierres massives, sans ouverture et sans jour extérieur, ne laissait rien percer au dehors des cris des victimes. Le patient restait bien seul avec ses bourreaux froids et impassibles, dont même il ne pouvait voir la figure, recouverte qu'elle était d'un épais capuchon noir, sans autre ouverture que celle des yeux.

Combien nous devons nous féliciter, mon cher ami, que le temps de ce règne atroce du parti clérical soit enfin passé, et combien je vous approuve dans votre persistance ferme et courageuse à renvoyer à son église et à ses fonctions purement spirituelles ce certain P. des Cerises, qui, grâce à vous, ne peut plus faire, comme par le passé, la pluie et le beau temps dans l'administration temporelle de votre commune. Gardons-nous bien de laisser jamais les gens d'Église empiéter davantage dans la direction des choses de l'ordre matériel. Le passé nous a suffisamment édifiés sur ce que serait leur domination, si elle se rétablissait jamais. Des gens étrangers à toute affection et à toute vie de famille, doivent évidemment tout rapporter à eux-mêmes et à la satisfaction de leurs convoitises et de leur orgueil; et, quand cet orgueil est blessé ou qu'il trouve de la résistance, leur haine est sans merci et doit demeurer impitoyable.

A côté du palais des Papes, aujourd'hui une caserne, est une magnifique esplanade formant terrasse, élevée sur un immense rocher qui domine le Rhône, et d'où la vue porte au loin dans la campagne de l'autre côté du fleuve. De là, on aperçoit cet antique et fameux *pont d'Avignon* où, suivant la chanson dont les petites jeunes filles ( de presque tous les pays) ont coutume d'accompagner leurs ébats enfantins, on danse *tout en rond.* Sans doute on a voulu ainsi exprimer ironiquement le peu de largeur de ce pont, à peine suffisante pour le passage d'un mulet chargé. Peut-être qu'à l'époque où fut bâti ce pont, qui date du treizième siècle, il a pu passer pour une sorte de merveille. Car ce n'était pas peu de chose à cette époque, que de jeter un pont, si étroit qu'il fût, sur un fleuve aussi rapide qu'est le Rhône. Certainement le pont d'Avignon est un des plus anciens jetés sur ce fleuve. De là, sans doute, sa célébrité. Plus tard, comme on en établit de bien plus larges et de bien plus hardis, cette célébrité devint un ridicule. N'en serait-il pas de même de la fameuse *Cannebière*, si chère aux Marseillais, et qui, à l'époque où elle fut tracée, a pu passer pour une des plus larges voies de communication qui existassent alors, quoique aujourd'hui elle soit bien dépassée, à ce que l'on m'a dit, par un grand nombre de rues nouvelles de la capitale, et même, à ma connaissance, d'autres grandes villes de province, entr'autres par les rues *Impériale* et de *l'Impératrice* à Lyon, et par diverses autres rues et cours de Bordeaux et d'autres villes même d'une moindre importance.

Pour en revenir au pont d'Avignon, dont il ne reste plus qu'une moitié, qui s'avance comme un promontoire jusqu'au milieu du Rhône, il conduisait à un autre château des Papes, situé à environ une demi-lieue de l'autre côté du fleuve, Ce château, non moins pittoresque que le palais de la Ville, communiquait, m'a-t-on dit, par des souterrains avec ce palais, et pouvait offrir en cas d'invasion un moyen de fuite et même un refuge.

En dehors de ces particularités, la ville d'Avignon n'a rien de bien remarquable : ses rues sont généralement étroites. Parmi ses églises et chapelles, qui sont en grand nombre, la cathédrale seule m'a paru présenter un style assez grandiose, et j'ai cru y reconnaître des tableaux et des peintures de quelque mérite. On m'a montré en grand mystère, dans la chapelle de je ne sais plus quel couvent, un Christ en ivoire d'un travail assez médiocre, mais qui, d'après la légende, aurait sauvé la vie au prisonnier qui, dit-on, l'a sculpté pendant les loisirs de sa captivité. Je soupçonne la légende d'avoir été inventée pour donner plus de prix à l'œuvre et délier plus facilement et plus largement la bourse des curieux.

Il y a à Avignon quelques cafés, dont le plus brillant ne l'est guère, et quelques hôtels d'assez peu d'apparence, où l'on trouve pourtant un certain confortable de table et de logement pour un prix qui n'est pas trop exagéré.

A Avignon commence le règne de ce terrible vent du Nord que les Provençaux nomment le *Mistral*, et qui, depuis plusieurs siècles, est le fléau et la désolation de ces contrées. Il parait qu'autrefois en Provence il n'en était pas ainsi, et que ce qui a ouvert l'irruption à ce vent redouté, c'est le déboisement des montagnes voisines dont les arbres séculaires servaient d'abri au pays. Quoi qu'il en soit, aujourd'hui, au lieu de cette riche Provence d'autrefois dont la fertilité et les abondantes productions sont célèbres dans les annales de l'empire romain, on ne voit plus, sous l'action du Mistral, qu'une vaste pleine aride et desséchée, où poussent à peine çà et la quelques maigres bouquets d'oliviers avortons, qui ressemblent aux grands oliviers de Nice et des contrées méridionales de l'Italie, à peu près comme les orangers en miniature que nous gardons dans des pots à la porte de nos jardins, ressemblent à ces grands arbres vigoureux qui poussent ici en pleine terre, épanouissant largement l'ombre de leur vert feuillage, au travers duquel étincelle l'or de leurs fruits nombreux.

C'est à travers cette plaine désolée que s'élance la voie de fer qui conduit à Marseille. J'aurais bien voulu m'arrêter quelques instants à Arles, la ville aux antiquités et aux belles femmes. Mais, pressé d'arriver, j'avais remis à mon retour de faire cette excursion qui demande un certain temps et une certaine étude. Aux environs d'Arles, j'ai aperçu quelques champs ensemencés de cette plante qui a enrichi l'industrie, et que l'on appelle la *garance*.

A propos de garance, j'ai oublié de vous dire qu'on m'a montré à Avignon une statue que l'on m'a dit être celle du premier qui reconnut les propriétés tinctoriales de cette plante. Vous n'ignorez pas que c'est de la garance que l'on tire ce beau rouge, couleur de sang, qui aujourd'hui a l'honneur de s'étaler sur le pantalon de nos troupiers.

Vous savez peut être aussi que cette culture est appelée à faire la richesse et la prospérité future de la Provence, où elle réussit admirablement; de sorte que des plaines incultes, naguère sans aucune valeur, sont estimées aujourd'hui, grâce à l'introduction de la nouvelle culture de la garance, à qu lque chose comme plusieurs millions. Celà méritait bien une statue pour l'inventeur. Aujourd'hui le siècle est à l'industrie. C'est une mine puissante et fertile, et l'homme qui réussit à y découvrir quelque nouveau filon, entre de plein-pied dans la voie de la célébrité. Je ne dis pas tout à fait dans la voie de la fortune: car il est rare que l'inventeur retire lui même le produit de son invention. Le plus souvent, faute de capitaux pour mettre sa découverte en œuvre, il est obligé de subir l'exploitation du capitaliste, qui en échange des millions que doit produire l'idée, lui donne à peine un morceau de pain. Ainsi va le monde. Du reste il est bien rare que le savoir-faire se trouve réuni avec le savoir dans une même tête, et, par conséquent, que l'inventeur possède les qualités pratiques nécessaires au succès de son invention, même avec le secours des capitaux. Il lui faut donc nécessairement le concours de l'homme pratique et positif. Seulement celui-ci se fait un peu trop généralement et trop ouvertement *la part du lion*.

Cette petite digression industrielle n'est pas hors de propos: car nous approchons de *Marseille* une des villes les plus industrielles du monde civilisé. Déjà même, à plusieurs reprises nous avons aperçu au loin se détachant sur le ton blanc du ciel la surface azurée de la mer, qui, vue de cette distance, raie l'horizon comme d'un vaste ruban bleu.

Du reste les collines s'abaissent sensiblement, et déjà on sent un courant d'air salin qui nous apporte comme un parfum d'algues et de plantes marines. En effet, tout la partie droite de la route est bordée de marais salans dont on s'approche à la distance d'à peine cent pas, au point de voir déjà le balancement des barques de pêcheurs sous l'effort du flot et du souffle animé de la brise. On cotoie ainsi le rivage pendant plusieurs lieues, et déjà l'on reconnait le voisinage de la grande ville: les mâsures qui bordaient la route devenant des maisons qui ne tarderont pas à être remplacées par d'élégantes villas, entourées de jardins d'assez belle apparence pour le pays, mais qu'il ne faudrait pas comparer à ceux que nous avons ici à Nice. Plus l'on approche, plus le mouvement vital de la cité se fait sentir. Les maisons de campagne se pressent davantage et se groupent en forme de faubourg. On commence à entendre le bruit retentissant des marteaux servant aux industries. Les rues se garnissent de gens affairés, marchant en sens divers. On reconnait l'allure large et décidée du Marseillais, content de lui même et fier de sa cité la première du monde, dans sa pensée, et, selon lui, bien au dessus de Paris, qui, même avec une Cannebière ne serait qu'un *petit Marrseye!*

Mais bientôt le wagon s'arrête. Enfin nous y voilà dans ce fameux Marrseye. En descendant de la gare, on tombe sur une place encombrée de fiacres et de citadines, dont les cochers vous offrent tous leur services, ainsi qu'une foule de commissionnaires qui ont plus au moins à la bouche le mot de cannebière, comme si la Cannebière était tout Marseille. Ce n'est, comme, je l'ai dit, qu'une avenue bien ordinaire, assez mal pavée, avec des trottoirs trop étroits, et des boutiques à droite et à gauche, mais qui n'ont rien de bien luxueux dans leur devanture; et dont l'ensemble ne présente certes pas le brillant coup-d'œil de la rue Impériale à Lyon. Seulement elle contient un certain nombre de cafés magnifiques à l'intérieur, décorés avec le plus grand luxe, et dont plusieurs sont ornés de peintures de la plus grande valeur. Il faut rendre justice au Marseillais: il est un peu vantard, mais il a du goût et possède le sentiment du beau dans les arts. Pour satisfaire l'un et l'autre, il n'est pas mesquin et ne regarde pas à la dépense; il aime même à faire les choses grandement.

Pour en revenir à la Cannebière, comme je vous l'ai dit, elle date d'une époque où n'existait pas encore cette multitude de grandes voies et de boulevards qui font aujourd'hui l'ornement de la plupart de nos grandes villes, et comme, selon le proverbe, dans le royaume des aveugles, *pour être roi il suffit d'y voir*, ne fut-ce que *d'un seul œil*, la fameuse Cannebière a pu, à cette époque, mériter réellement la palme, et valoir une portion de sa réputation un peu grossie, toutefois, par l'amour propre de terroir que l'on connait aux indigènes. Son plus grand mérite, selon moi, est de conduire au Port.

En effet, à peine entré dans cette célèbre rue, où l'on arrive du chemin de fer par une chaussée poudreuse qui aujourd'hui forme une avenue d'environ cinq cent pas, destinée à continuer la Cannebière, on voit se dresser à l'extrémité comme une forêt de mâts de navires, de diverses grandeurs se balançant sous l'effort du vent qui en agite les pavillons ou drapeaux aux couleurs multiples et variées. Seulement, de cet éloignement, on croirait ne voir que de simples barques, tandis qu'en arrivant, on reste surpris de reconnaitre devant soi de lourdes masses plus hautes que des maisons, et où se meut tout un monde de marins, de matelots et de portefaix, les uns grimpés au sommet des vergues, les autres occupés à balayer, à nétoyer, à laver le pont ( c'est-à-dire le dessus du navire ), les autres à transporter les nombreux et immenses ballots des marchandises que l'on destine au commerce extérieur, ou à en extraire celles venant du dehors qui doivent être débarquées. Et ce n'est pas seulement un, dix, vingt, trente, quarante navires qui présentent un tel mouvement, ce sont plusieurs milliers. On peut se promener l'espace de plusieurs kilomètres sans voir la fin du port ni de la longue file de navires qui en bordent le quai.

Mais ce qui est le plus curieux à voir, c'est la foule qui se remue, se promène, s'agite sur ce quai. C'est là qu'il y a un assortiment de toutes les figures, de tous les types, de tous les costumes. Mais ce qui domine surtout, c'est le type marin: face large, encolure massive, peau bronzée par le soleil, et comme tannée par l'habitude des intempéries et de la fatigue; gaillards qui ont visité toutes les parties du monde, se sont trouvés en butte à toutes les difficultés et à tous les périls, obligés souvent de vivre de chasse et de pêche comme le sauvage; souvent, d'endurer la faim et la soif, comme le plus pauvre des prolétaires de la vie civilisée ; souvent aussi de défendre leur vie contre la fureur des éléments, les attaques des bêtes féroces, ou quelquefois l'invasion d'hommes plus féroces encore. Mais une fois à terre, ils se dédommagent de leurs longues privations: Les guinguettes des marchands de vin et de liqueurs, qui forment presque tout le commerce des boutiques alignées sur le quai le long du port, retentissent de leurs houras bruyants et quelque peu avinés.

Sans doute que l'habitude de se sentir ballottés par la vague mobile leur ferait trouver trop ferme le terrain solide que nous appelons *le plancher des vaches*, et que, pour leur donner l'illusion de ne pas avoir quitté leur élément favori, ils ont besoin de sentir leurs jambes vacillantes par l'influence des libations, quand elles ne le sont pas par celle de la mer.

Marseille, comme les principales villes de France, est aujourd'hui encombrée de démolitions. Tous les vieux quartiers de la haute ville, si célèbres par leur malpropreté, sont abattus ou sont en train de disparaitre et de se régénérer. Dans la basse ville, du côté du port, il y a quelques belles rues assez propres, telles que les rues Beauveau, Saint Ferréol etc. Les autres rues de l'intérieur de la ville, dans le centre commercial, sont très ordinaires et même assez étroites. La ville est coupée dans le sens de l'Est à l'Ouest par une assez belle promenade bordée d'arbres et ornée de fontaines. On l'appelle les allées de Meillan. C'est, à partir de trois ou quatre heures de l'après-midi, le rendez-vous des promeneurs, des flaneurs et des *grisettes*. Ici c'est le nom donné aux jeunes filles de la classe ouvrière, et ce nom, m'a-t-on dit, vient du vêtement gris, de toile ou de bure, que portaient autrefois presque toutes les jeunes personnes de cette classe. Aux heures que je viens de vous mentionner, on voit un grand nombre de ces jeunes filles trottiller dans la promenade, la tête couverte de grands bonnets d'assez mauvais goût, et avec des figures plus ou moins passées qui, selon moi, n'ont rien de remarquable. Je cherche vainement ce type phocéen tant vanté, ce nez grec, ce profil fin et spirituel dont on m'avait beaucoup parlé: je ne trouve que des faces larges, communes, des nez plutôt épâtés qu'autrement, et un profil plutôt auvergnat que grec. Peut-être n'ai-je pas eu la chance pour moi. Car c'était un jour de semaine. Or la marseillaise, fidèle aux habitudes de la province, réserve tous ses atours pour le Dimanche; je ne dois donc pas m'étonner si je n'ai vu que des toilettes, des figures et des nez de tous les jours!

Outre les cafés ordinaires dont, comme je vous l'ai dit, plusieurs sont très brillants, Marseille possède encore deux *cafés-concerts* très fréquentés le soir, et où l'on entend d'assez bonne musique, et des chanteurs passables. Ce sont le *Casino* et l'*Alcazar*. Je les ai vus tous deux. Mais le Casino m'a paru réunir une meilleure société. C'est une vaste enceinte, décorée de glaces et éclairée d'une grande quantité de lustres splendides, dont les lumières, réflétées à l'infini dans les glaces, produisent un aspect féerique. C'est, avec les théâtres et les cafés, le rendez-vous du soir, le plus habituel des étrangers, et peu d'entre eux passent à Marseille sans visiter au moins le Casino. J'ai trouvé plus splendides encore l'éclairage et la décoration de l'Alcazar, quoique la société y soit beaucoup plus commune. Je n'ai pu aller au théâtre dont la troupe, m'a-t-on dit, est assez bonne. Ce sera pour mon retour.

Une des curiosités de Marseille, et qui est même le but d'un pélérinage en grande vénération chez les marins, c'est l'église de Notre Dame de la Garde. C'est une toute petite chapelle, placée sur une hauteur qui domine Marseille à l'Est et d'où la vue embrasse non seulement tout le coup-d'œil de la ville et des campagnes environnantes, avec son port et l'innombrable multitude des navires qui y sont abrités, mais encore une vaste étendue de la mer, dont on voit l'immense nappe bleue se dérouler au loin silonnée d'une quantité de voiles flottantes, gonflées au souffle de la brise et détachant leurs silhouettes blanches, les unes plus rapprochées, les autres perdues dans le vague de l'horizon.

Du point-de-vue de notre Dame de la Garde, on voit

se dresser à l'horizon sur la mer le fameux *château d'If*, ancienne prison d'état, célèbre dans le roman de *Monte Cristo* d'Alexandre Dumas, comme prison de son héros Edmond Dantès, qui s'en évada d'une façon si merveilleuse et si énergique en se faisant coudre dans un drap et jeter à la mer, un boulet aux pieds, à la place d'un de ses camarades de captivité mort pendant la nuit, et qu'il avait eu soin de déposer dans son propre lit avant d'usurper le lit et le rôle du défunt. Le château d'If est pour les marseillais, comme pour les étrangers qui veulent s'assayer à la vague et au mal de mer, un but d'excursions maritimes. On s'y rend en barques pavoisées de drapeaux et de tentes, pour y manger de la friture. Quoique l'îlot sur lequel ce château est bâti ne soit guère qu'à deux kilomètres environ du port, on est souvent plusieurs heures à y arriver, par suite de l'agitation des flots.

Sur la pente de la petite montagne où est située Notre Dame de la Garde, on a établi comme un vaste *jardin des plantes*, coupé de nombreuses allées bien sablées et bordées de massifs fleuris d'un bel effet.

Une autre promenade fort agréable de Marseille, qui n'a peut être pas sa pareille en aucune ville, et dont, à mon gré, les marseillais devraient être plus fiers que de leur Cannebière, c'est le *Prado*. C'est une immense allée d'arbres ( de platanes, je crois ) de deux lieues au moins de longueur, et qui, presque dans tout son parcours, est bordée de belles villas appartenant à divers personnages de l'élite du haut commerce marseillais, qui y ont plusieurs fois donné des fêtes où a été admise une grande partie de la population. On cite, entr'autres fêtes, celle donnée par les MM. Péreyre, lors du voyage de l'Empereur en Algérie. Il paraît qu'il s'y est vidé un nombre fabuleux de bouteilles de champagne.

La promenade du Prado conduit à la *Réserve*, endroit sur le bord de la mer, où l'on va manger la fameuse *bouillabaisse* nationale, et dîner très confortablement dans divers restaurants assez bien tenus.

Cette bouillabaisse tant vantée est tout simplement un court-bouillon de certains poissons d'eau salée, principalement de poissons de roches. On y fait un assaisonnement de langoustes, (espèce de homards ou d'écrevisses de mer sans grosses pinces); on y ajoute de l'ail, à la mode provençale, et un peu de safran qui colore le tout en jaune; l'ensemble forme un ragoût qui n'a rien de bien délicat, et où, à tout prendre, la sauce est encore meilleure que le poisson.

Voilà à peu près, mon cher et bon ami, ce que j'ai trouvé de plus remarquable à Marseille. C'est certainement une grande ville, commerçante, et à laquelle l'ouverture prochaine de l'Isthme de Suez va donner encore bien plus d'importance. Mais pour moi ce ne serait pas une ville de plaisir, ni que je désirerais habiter. Il y a trop de mouvement, et le climat est loin d'y être doux. Tout le monde connait au moins par oui-dire, ce fameux Mistral dont je vous ai déjà parlé. Son souffle glacé vous cause le frisson même en plein été. Malgré celà, le marseillais est si vain de son pays, qu'il ne veut pas avouer cet abaissement fréquent de sa température qui fait ressembler souvent même le printemps de la Provence à l'hiver du Nord, et qui, en hiver, malgré le plus beau soleil, change l'eau de ses bassins en un cristal solide.

Il préfère grelotter, même dans sa maison, plutôt que d'y allumer du feu, pour en obtenir de la chaleur. Ce serait avouer implicitement que son climat ne suffit pas seul à lui donner le bien être, et il croirait ainsi offenser son climat. Aussi, comme nulle part à Marseille on n'allume du feu pour se chauffer, même quand les rues sont couvertes de glaçons, cette ville est-elle, malgré la prétendue douceur de ce climat vanté par les indigènes, l'une de celles où l'on ait le plus à souffrir du froid, à ma connaissance. Nous en sommes certes bien plus abrités dans notre pays.

Je dis donc très volontiers adieu aux marseillais à leur ville, à sa Cannebière, et je me hâte de monter sur le bateau qui doit me porter sous un ciel plus doux, le beau ciel de *Nice*.

Me voilà donc sur le pont du navire l'*Impératrice Eugénie*, qui déjà s'apprête à lever l'ancre. Car j'arrivai au moment du départ. Quoique encore dans le port, comme la mer était un peu houleuse, on sentait déjà qu'on n'était plus sur le terrain solide. Le navire se balançait à droite et à gauche, de manière à nécessiter de la part du passager une certaine attention pour pouvoir se tenir sur ses jambes. Le moyen de résister à ce genre de mouvement d'un navire (qu'on appelle le *roulis*), c'est de tenir les jambes écartées, dans le sens de ce mouvement, en s'y laissant aller, sans le contrarier, à peu près comme un cavalier qui s'abandonne à l'allure de son cheval. Ceux qui n'ont pas cette précaution d'écarter ainsi les jambes, sont souvent exposés à se voir renversés par une perte subite de leur équilibre. On dit alors qu'ils n'ont pas *le pied marin*.

Enfin le navire a franchi le port, et nous marchons vers la haute mer. Je l'avais bien conjecturé : les flots sont passablement agités et, outre celà, nous avons à lutter contre le vent contraire, (ce que l'on nomme vent *debout*). Et là, je puis admirer la merveilleuse puissance qu'à donnée à l'homme l'invention des machines à vapeur. Avant cette invention, non seulement il ne pouvait s'avancer dans une direction quand le vent l'en éloignait, mais même il ne pouvait sans le vent se diriger nulle part; de sorte qu'il avait autant à redouter le calme que la tempête.

Se figure-t-on la situation des malheureux passagers et matelots arrêtés par un calme au milieu de l'Océan, à quelques cents lieues de toute terre, et implorant vainement pendant des mois entiers le souffle de quelque brise, même une tempête qui les pousse et les jette sur une côte quelconque, pour les arracher au moins à la triste perspective de mourir de faim, par suite de la disette des vivres dont ils voient avec désespoir leur provision s'épuiser de jour en jour. Eh ! bien c'est de cette triste perspective que l'invention de la vapeur a affranchi les malheureux marins. Grâce à la puissance de la vapeur, ni le calme, ni les vents contraires ni même la tempête, n'arrêtent plus le navire : il domine tous les éléments conjurés et poursuit majestueusement sa route malgré toutes les évolutions de leur fureur.

Pendant que je faisais ces réflexions en considérant la haute puissance de ce va-et-vient régulier et bruyant des énormes pistons et balanciers de la machine, ainsi poussés et mis en mouvement par l'action énergique de la vapeur, une marche rapide emportait notre navire. Déjà nous avions perdu de vue Marseille et son port. Mais, quoique en haute mer, nous n'étions pas à une assez grande distance de la côte pour ne pas l'apercevoir. J'en suivais de l'œil les découpures dentelées présentant au regard tantôt la roche nue, tantôt des massifs de verdure formés par des bosquets d'oliviers à la feuille étroite d'un vert pâle et léger. Déjà nous avons dépassé *Toulon* dont nous avons reconnu le port, hérissé de mâts de navires; *Hyères* et les iles de ce nom nous montrent leurs immenses bosquets d'orangers au feuillage sombre et touffu. Nous voici devant *Fréjus* l'ancienne colonie romaine, autrefois sur les bords de la mer et maintenant reculée à environ 3 kilomètres dans les terres. C'est près de cette ville, à un petit port nommé St-Raphaël, que débarqua Napoléon, encore le général Bonaparte, à son retour d'Egypte en 1799. Déjà le rocher de l'*Estérel* dresse devant nous sa masse imposante, que la route de terre traverse par un chemin de plusieurs heures, au milieu de sombres forêts et presque toujours au bord d'immenses et affreux précipices, qui ont certes bien leurs beautés pittoresques. Mais comme on les traverse la nuit, où comme dit le proverbe tous les chats sont....., la plupart de ces beautés sont perdues pour le voyageur.

C'est un peu, mon cher ami, ce qui m'a décidé à prendre la route de mer. Du reste, par mer, la traversée est bien moins longue : avec un beau temps, dix heures environ suffisent ; il en faut le double par la voie de terre Le nouveau chemin de fer, dont l'ouverture est prochaine, n'en mettra guère que six, et alors il aura certainement la préférence, de la part, du moins, des voyageurs pressés. Mais alors adieu la contemplation des belles et sublimes horreurs qu'offre actuellement le passage des gorges profondes de l'Estérel. Car le chemin de fer traversera cette montagne en dessous par un tunnel. Mais pour le moment nous sommes sur mer, et quoique un peu ballottés, nous avançons rapidement. Nous voici en face de *Cannes* célèbre par le débarquement de Napoléon à son retour de l'île d'Elbe, avant les cent jours, en 1815. Cannes, autrefois simple village est aujourd'hui la résidence presque habituelle, de grands personnages anglais de la plus haute aristocratie dont les riches et élégantes villas découpent partout sur les hauteurs de Cannes leurs nombreuses et pittoresques silhouettes, au milieu de bosquets d'orangers et de citronniers s'élançant de massifs de fleurs, qui donnent le désir de visiter un si beau pays.

Pendant ce temps, nous laissons à notre gauche les îles de *Lérins* parmi lesquelles se trouve Ste-Marguerite, prison célèbre de l'homme au masque de fer, que je me propose de visiter dans quelqu'une de mes excursions de Nice.

Enfin nous avons dépassé la pointe *d'Antibes*, où commence cet enfoncement circulaire de près de 20 kilomètres de circonférence qu'on appelle la mer de Nice. C'est dire que nous voici arrivés, car déjà apparait le rideau de collines au pied desquelles Nice elle même est bâtie. Bientôt je puis distinguer et reconnaître les maisons et les riches villas que Nice étale sur le bord de la mer, le long d'une belle et large chaussée que l'on appelle la *Promenade des Anglais*. Quelques tours de roue encore et nous entrons dans le port.

Le voilà donc de nouveau ce pays aimé de Dieu et du Soleil, où l'on vient de si loin puiser un peu de chaleur et un renouvellement de vie, et à qui j'ai dû, l'année dernière, un heureux commencement de guérison et un premier retour à la santé, que je verrai, je l'espère se consolider cette année. Salut! terre heureuse et bénie, qui ignores les frimas et qui conserves toujours en ton sein et sous l'influence de ton beau ciel une perpétuelle jeunesse et une radieuse clarté, comme pour avertir les deshérités de la jeunesse et de la vie qu'ils retrouveront près de toi et la force et l'espoir!

Nous débarquons, et mon premier soin, à peine arrivé est d'aller près de mes propriétaires de l'année dernière prendre la chambre que j'avais retenue d'avance, ayant été content des relations que j'avais eues jusques là avec eux. Je tenais du reste à ne rien changer, autant que possible, à mes anciennes habitudes, ayant, comme vous le savez peu de dispositions à me faire facilement à de nouveaux visages. L'appartement que j'occupe a, du reste, l'avantage d'être immédiatement au dessus du restaurant où je dois prendre mes repas, lequel communique avec l'un des plus beaux cafés de Nice, ce qui met à ma disposition la facilité à la fois de dîner, de lire les journaux, de faire ma partie de billard, et tout cela sans avoir besoin de mettre même les pieds à la rue. Je suis, de plus, à la proximité du théâtre français qui est celui que je fréquente le plus. De ma fenêtre, qui est au soleil levant, j'aperçois à gauche une partie des montagnes qui dominent la ville de Nice et qui étagent dans un horizon de plusieurs lieues leurs pentes verdoyantes et leurs campagnes fertiles; et, à droite, la place *Masséna*, vaste place environnée de portiques d'un bel effet, et où l'on peut trouver un abri pour la promenade pendant l'ardeur du soleil, et pour les rares jours de pluie. Cette place ouvre sur un beau quai établi le long d'un large torrent nommé le *Paillon*, qui traverse Nice dans toute son étendue. Ce torrent, presque toujours à sec, dépare beaucoup le coup d'œil de cette ville, montrant, pendant presque toute l'année, entre deux magnifiques quais, son lit de cailloux, entre lesquels coule dans un coin à peine un mince filet d'eau, le reste servant aux blanchisseuses de Nice de lieu d'étendage pour faire sécher leur linge.

Le *Paillon* occupe donc à Nice un terrain précieux. Aussi est-il fortement question de détourner ce torrent et de le faire se jeter quelques kilomètres au dessus de la ville, et on en convertirait l'emplacement en un magnifique boulevart, bordé de belles maisons et orné de squares et de jardins plantés d'arbres, avec un grand batiment destiné à servir aux étrangers de cercle et de lieu de réunion etc. etc. Ce projet, s'il se réalise, promet à Nice un avenir brillant.

Quoi qu'il en soit, me voilà installé, et, comme vous le voyez, mon cher ami, rien ne va être bien changé dans mes habitudes de l'année dernière. Il me reste à vous tenir à peu près journellement au courant de ce qui pourra y apporter un peu de variété.

Comme vous pouvez le penser, on ne peut pas, dans mon état de santé, avoir exécuté, ainsi que je viens de le faire, un voyage de près de 200 lieues tant en chemin de fer que par mer, sans que celà vous apporte un peu de fatigue. Les chemins de fer, quelque doux que soit leur mouvement, vous font à la longue le corps brisé comme si l'on vous avait battu avec des barres de fer. Ajoutez, par dessus, les secousses du navire, qui vous tiraillent l'estomac de bas en haut, au point de vous faire craindre qu'il ne se déchire, et vous verrez que l'agrément des voyages n'est pas précisément dans la locomotion. J'étais donc fatigué, et très fatigué à mon arrivée. Aussi me suis-je payé pas mal de jours de repos, pendant lesquels j'ai laissé en quelque sorte uniquement s'accomplir en moi les fonctions de la vie matérielle : dormir, manger et boire; dormir surtout, le chose que j'avais le moins et le plus mal faite pendant mon voyage.

A peine me suis-je dérangé assez de ma chambre pour aller m'asseoir, aux plus beaux moments de la journée, au *Jardin Public*.

Ce jardin, qu'on nomme aussi le jardin des plantes, est formé, sur le bord de la mer au bout du quai Masséna, à deux pas de chez moi, d'une certaine quantité d'arbres étrangers et autres qui, quoique plantés depuis à peine quelques années, y donnent déjà une ombre épaisse. Ces arbres sont disposés en allées, que bordent de charmants parterres entourés de buissons de roses en ce moment toutes fleuries. Au centre du jardin se trouve un petit bassin circulaire avec une bordure de fleurs environnée d'un treillage. Du milieu du bassin s'élance un jet d'eau tournoyant assez maigre et qui, malgré cela, ne laise pas de former en retombant une gerbe d'assez bel effet. Tout autour du bassin et dans les allées environnantes, sont disposés des bancs et des chaises pour les promeneurs qui viennent y chercher ou le soleil ou l'ombre, (car il y a des amateurs de tous les deux), et même les plus grands amateurs du soleil ne laissent pas d'être munis d'une ombrelle, précaution utile en toute saison dans ce pays pour éviter les maux de tête et les congestions cérébrales. Les ombrelles en usage pour les hommes à Nice sont des ombrelles en toile blanche ou jaunâtre doublée en dessous d'une étoffe de soie ou de coton de couleur bleue ou verte pour protéger la vue, et on ne trouve pas du tout ridicule ici qu'un homme fasse usage de ce meuble reservé aux femmes dans nos climats, et que certainement aucun homme n'oserait y ouvrir.

Pour en revenir au jardin public, il n'est pas rare d'y voir, le matin surtout au moment où la foule est le moins compacte, quelque gouvernante anglaise, bien prude et bien pincée, venir, un livre à la main, y étaler sa figure froide et revêche.

Dans le milieu du jour, ce jardin s'égaie par les jeux animés et bruyants d'enfants frais et roses, dont quelque jeune lady, leur mère, considère et surveille les ébats, tout en piquant çà et là quelque points de broderie d'un air pensif ou distrait. Mais c'est surtout les jeudis et les dimanches de deux à quatre heures de l'après-midi, que la physionomie de ce jardin devient vive et animée. On se croirait, ces jours là, sur quelque boulevart de grande ville, à l'heure même où la promenade est le plus fréquentée. Ces jours là, tous les bancs et toutes les chaises sont occupés, et, malgré cela, toutes les allées du jardin sont pleines de promeneurs qui se meuvent dans tous les sens, se dirigeant toutefois dans un centre commun qui est une estrade circulaire élevée au milieu du jardin tout près du bassin du côté de la mer.

Dans cet endroit pendant deux heures environ, la musique militaire de la garnison, rangée en cercle, exécute divers airs d'opéra, de danse ou autres, qui forment une attraction très vive pour le public niçois des deux sexes, très avide de tout ce qui a rapport à la musique et au chant. Je ne dirai pas que, sous prétexte de musique, quelque coquette ne profite pas de la circonstance pour venir étaler là quelque robe nouvelle, quelque chapeau étrange, ou faire admirer quelque plus gigantesque envergure de sa crino-

lne. Je n'affirmerai pas non plus que quelque jeune fille
amoureuse, trop timide, ne soit heureuse, d'y jeter à la
dérobée en compagnie même de ses parents, un regard
passionné à l'amant qui lui a indiqué ce rendez-vous. Qui
ne sait que sentiment et musique sont deux choses qui vont
très bien ensemble, et que la coquetterie, comme l'amour,
sont des instincts qui savent tout faire tourner à leur
profit.

Quoi qu'il en soit, ni les uns ni les autres ne sauraient
choisir pour leurs triomphes un plus brillant théâtre. Ces
massifs de verdure, si coquettement encadrés d'une bordure de fleurs, et au travers desquels tremblent tamisés
les rayons adoucis du soleil sur son déclin, tout cela sur-
monté d'un ciel bleu sur l'azur duquel se détache le large
panache d'un haut palmier, et, à deux pas, le bruisse-
ment régulier et monotone des vagues de la mer venant
mêler leurs notes gémissantes aux accords bruyants qui
s'échappent des clairons et des trombonnes, pendant qu'autour de vous se meut le vague tournoiement d'une foule
silencieuse et attentive, ne voilà-t-il pas là de quoi poé-
tiser l'ame et la pousser au rêve en surrexcitant en elle le
sens de l'Idéal. Je ne vous cacherai pas, mon cher ami,
que, quoique très peu poétique de ma nature, je me suis
plus d'une fois, en pareille circonstance abandonné au
plaisir de m'oublier moi même, d'oublier aussi la foule qui
tourbillonnait autour de moi, pour me laisser aller à con-

templer l'azur, dominé par le vague même de ma pensée. En ce moment il ne me semblait plus être à Nice. Mon ame avait franchi l'espace, et, sans m'en prévenir, m'avait reporté vers les êtres chers à mon cœur. J'étais près de vous, je revoyais ma bonne mère, je me retrouvais au milieu de tous ceux que j'aimais et cette vue faisait vibrer en moi toutes les fibres sympathiques de mon être et m'inondait d'une douce joie.

Malheureusement il me faut redescendre des hauteurs idéales de mon rêve charmant. Les besoins de la nature physique reprennent leurs droits. L'estomac se creuse et ses tiraillements viennent m'avertir que l'heure du diner s'avance, si elle n'est pas sonnée déjà. Depuis long-temps la musique a terminé son galop final. La foule qui encombrait les allées devient de plus en plus rare, et ne se compose plus que de quelques rétardataires qui, comme moi, se sont oubliés à rêver. D'ailleurs le soleil, dont seule la présence donne un peu de chaleur, a disparu ou est sur le point de disparaitre; il rougit l'horizon de ses derniers feux. La température du soir, une température qui n'a plus rien de printanier, à succédé à l'air tiède du milieu du jour. Il serait imprudent de rester plus longtemps à l'air extérieur, quelque chaudement vêtu que l'on soit. Aussi m'empressai-je de hâter mon retour et de diriger mes pas vers mon Restaurant.

C'est, comme je vous l'ai dit, précisément en bas de

chez moi, que se trouve ma pension. Je l'ai prise plutôt à cause de sa proximité de mon logement, que pour toute autre raison. Ce n'est pas qu'elle soit mauvaise. Elle est même une des meilleures de ce pays. Mais c'est toujours de la nourriture de Nice, c'est à dire du pays où l'on mange peut être le moins bien. D'abord le vin y est plus que médiocre; mais il est presque impossible d'en trouver de meilleur dans toute la ville, et peut être dans tout le pays, à moins de prendre des vins d'extrà, d'un prix exagéré, et dont l'authenticité et la catholicité sont loin d'être prouvées.

Pour ce qui concerne les mets, la viande ici, excepté peut-être la viande de bœuf, est généralement mauvaise. Il n'y a d'abord pas dans tout le voisinage même vingt hectares de bons paturages, et, quand il y en aurait, les campagnards de Nice n'entendent rien à l'éducation et encore bien moins à l'engraissement du bétail. Il faudrait pour qu'il en fût autrement qu'on trouvât le moyen d'engraisser les bêtes sans les faire manger. C'est du reste ainsi qu'ils se traitent eux mêmes. Il est fabuleux combien peu les gens de Nice mangent, et quelle nourriture encore ! un mauvais mélange, souvent sans beurre ni sel, de quelques légumes durs et coriaces, bouillis avec quelques pâtes de macaroni de basse qualité et de bas prix, voilà, sous le nom de *minestra*, le régal le plus habituel non seulement des gens de la campagne et du plus grand nombre de ceux de la classe ouvrière, mais même de beaucoup d'industriels et de marchands aisés, de la ville. Et, comme je l'ai dit, leurs bestiaux quand ils en ont, ne sont ni mieux ni plus copieusement traités et nourris qu'eux mêmes.

Vous parlerai-je maintenant de ce qui concerne le poisson? Quoique nous soyons dans un port de mer, c'est à peine si l'on en voit. et, pour les obtenir, il faut le plus souvent donner des prix tellement élevés, que les tables d'hôte, même les mieux tenues, n'en peuvent guère servir que d'inférieure qualité. D'abord pour en avoir à Nice il faudrait qu'on sût le pêcher. C'est ce que Messieurs les pêcheurs niçois n'ont jamais su. La plupart d'entre eux n'ont que de petites barques à deux rames, sans mât ni voiles, avec lesquelles ils ne peuvent pas s'éloigner du rivage. Du reste les filets dont ils se servent ne permettent de pêcher que dans des bas-fonds et par une mer très calme, de sorte qu'il suffit de quelques jours de tourmente pour que le poisson manque totalement au marché, et que le peu qu'il y en a se vende, même dans les plus mauvaises qualités, à des prix fabuleux.

Pour ce qui est de la volaille, il est probable que la nourriture avec laquelle on l'engraisse a surtout la propriété de développer les os ; car j'ai rarement su ce que c'était d'y trouver de la chair autour. Restent donc quelques méchants lapins, qu'on nourris de débris de légumes, de choux, de coucombres etc, et dont la chair fade a besoin de tous les piments du civet pour avoir quelque goût. Quant au laitage, il n'est point en abondance, et je le soupçonne d'être souvent moins le produit naturel de la vache, que le résultat factice d'un mélange de farine et de jaunes d'œufs.

Quelle différence avec ce bon lait parfumé que donne aux bestiaux de notre pays l'herbe grasse et abondante de nos prairies !

Vous le voyez, mon cher ami, si la nature du climat de Nice présente ce confortable de vie pulmonaire qui nous vient de l'air et du soleil, ni le sol ni l'industrie des habitants ne favorisent beaucoup le confortable de l'estomac. Et encore quand je dis le sol, je me trompe ; le sol est fertile, l'inintelligence seule des habitans les empêche de tirer un parti suffisant de sa fécondité. On ne fera comprendre à personne qu'un peuple intelligent qui a à sa disposition une large et vaste mer ne puisse pas se procurer du poisson ! que ce même peuple ne puisse obtenir que des légumes durs et sans saveur d'un sol où en moins de six années le plus mince rejeton d'arbre que l'on plante devient un arbre parfait, qui déjà projette une ombre épaisse. Enfin, comment admettre qu'un pays où, même dans les ardeurs de l'été et par les plus grandes sécheresses, m'a-t-on dit, l'herbe est toujour verte et fraiche, reste impropre à l'élèvement du bétail et à l'engraissement des oiseaux de basse cour, et, qu'ainsi le peuple qui habite un tel pays, puisse être assujeti à des privations, et réduit, sans qu'il y ait de sa faute, à vivre, même dans les classes aisées, aussi chichement que le plus pauvre journalier de notre pays?

Il est vrai qu'à Nice l'air et le climat, généralement un peu mous et d'une humidité tiède, stimulent peu les fonctions de l'estomac, et par conséquent exigent beaucoup moins de nourriture que les climats du Nord et du centre de la France. Faute de connaître ce point important, beaucoup d'étrangers qui, arrivés à Nice, veulent continuer leurs habitudes du Nord et faire chaque jour leurs deux ou trois repas copieux, ne tardent pas à perdre l'appétit et à tomber dans une langueur et une consomption qui peuvent avoir des suites funestes. J'ai été moi-même, dans les commencements, la victime de cette ignorance, et c'est à la suite de cette expérience, éclairée de quelques avis plus intelligents, que j'ai modifié ma façon de vivre, ne prenant le matin qu'une nourriture légère, telle que des œufs à la coque, un peu de beurre frais, avec du café au lait, et divisant même en deux mon repas du soir. Je me trouve tout à fait bien de ce nouveau régime.

Voilà pour la vie purement matérielle. Arrivons un peu à la vie intellectuelle et idéale.

La vie s'idéalise et l'intelligence s'agrandit et se complète par les grands spectacles de la nature et de l'art, et par la fréquentation et l'étude des sociétés diverses.

Pour les grands spectacles de la nature, ils ne manquent point à Nice. Au Nord, le magnifique rideau de montagnes (dépendant de la chaine inférieure des Alpes Maritimes) contre lesquelles la ville est adossée, et qui renferment tout ce que l'imagination peut rêver en fait de point-de-vue pittoresques, de découpures et d'accidents de terrain : les unes s'élançant à des hauteurs prodigieuses en masses à pic ou même surplombantes, et qui menacent ruine, au risque d'engloutir dans leurs débris gigantesques des villages entiers ; les autres se creusant en vallées profondes ou se déchirant en abimes sans fonds où l'œil ni le soleil ne peuvent pénétrer ; au Midi, c'est la mer, la vaste mer, de tous les spectacles les plus merveilleux par ses changements et sa perpétuelle mobilité. Quelquefois calme et unie comme la surface d'un lac que ne ride aucun souffle de vent, elle fait miroiter au loin sa vaste nappe bleue, que souvent les rayons étincelants du soleil du midi saupoudrent de paillettes d'argent ; d'autrefois cette surface si unie commence tout-à-coup à se rider de plis nombreux. Sa couleur passe subitement sous l'action du vent d'Est ou bien encore du vent d'Afrique, de la teinte azur à l'indigo foncé. Le long de ses bords s'étend une immense frange d'écume, et bientôt les flots soulevés dans toute son étendue se changent en hautes vagues entre lesquelles se creusent des abimes profonds. Ces vagues roulent toujours plus pressées et plus hautes et ne tardent pas à se briser l'une contre l'autre avec un grand fracas, faisant jaillir à leur sommet une mousse blanchâtre. D'autrefois, quand le vent souffle de la mer, on les voit arriver hautes comme des maisons contre le rivage, où il semble qu'elles vont tout engloutir ou tout inonder. Mais point du tout, au moment de leur plus grande fureur, arrivées à un certain point, elles tournoient sur elles-mêmes comme pour se ployer en deux et, à la même place, tombe avec grand bruit une immense cascade qui immédiatement s'aplatit, glisse quelque pas en avant sur les cailloux de la rive, puis se retire doucement dans ses limites ordinaires pour revenir de nouveau menaçante et terrible, et voir de nouveau comme dit le poëte :

La rage de ses flots expirer sur ses bords.

Mais cela va bien pour l'amateur qui, tranquillement assis sur le rivage, contemple sans danger cette belle fureur. Il n'en est pas tout-à-fait de même pour le passager qu'un navire emporte à travers cette tempête aux pays lointains. Là, le plus fort bâtiment n'a pas plus de puissance pour dominer la tourmente que la frêle coquille de noix que les enfants s'amusent à faire voguer sur le courant rapide d'un ruisseau ou sur la surface agitée d'un bassin. Là, la vague est maîtresse : tantôt elle élève jusqu'aux nues le navire porté sur sa crête humide, tantôt s'affaissant tout-à-coup, elle le laisse retomber comme au fond d'un abîme.

Quelquefois, si le pilote est mal habile, ou la tourmente trop forte, elle prend le vaisseau en travers, vient se briser contre ses flancs, ou même, passant par dessus son bord, elle couvre tout le pont d'une avalanche d'eau salée, imposant un bain forcé, le plus souvent peu agréable, aux matelots et aux passagers (voyageurs) qui se trouvent sur cette partie supérieure du navire. Je ne parle pas des voiles qui se déchirent, des mâts qui se brisent sous l'effort du vent, des planchers qui craquent et se disloquent, tout celà avec des sifflements, des mugissements dont on a les oreilles assourdies, au point de ne plus distinguer aucune voix.

L'homme a beau se faire fier et orgueilleux, il doit se sentir bien faible et bien petit quand il se voit ainsi balotté, lui et le vaisseau qui le porte, par l'action puissante d'un flot soulevé, sans qu'il puisse opposer plus de résistance que la plume que le vent emporte, et sans qu'il puisse espérer d'autres secours pour éviter la mort que celui de la Providence et de sa destinée. Ah ! que les spectacles de la nature sont grandioses, et combien après les avoir contemplés soit dans leur magnificence, soit dans leur sublime horreur, on doit peu attacher de prix aux pâles imitations que les hommes essaient de nous en donner, dans ces spectacles imaginés par eux, et qu'il représentent avec pompe sur la scène de leurs théâtres !

Mais il y a aux représentations du théâtre un autre

attrait que la pompe extérieure dont on environne ces représentations, et qui est, au regard de celle que la nature étale journellement sur nos yeux ce qu'est la lueur fumeuse d'un mauvais lampion auprès des clartés radieuses que prodigue le soleil. Non ce ne sont ni les ciels ou les montagnes de toile peinte, ni les arbres de carton, ni même l'éclat plus vrai des bougies et la splendeur du gaz, qui nous attirent et nous charment au théâtre. Mais il y a dans ces représentations quelque chose de plus même que ce que peuvent nous offrir les spectacles les plus grandioses de la nature même la plus splendide.

Ce quelque chose c'est l'étude du monde moral, de ce monde non moins sublime et non moins mystérieux qui se manifeste par des sympathies, des antipathies, des amours, des haines, des passions, en un mot, source perpétuelle de vertus dans les uns et de crimes dans les autres ; qui se présentent à nous comme une énigme dont nous cherchons vainement le mot, et qui est bien autrement intéressante que celle même d'une mer soulevée, d'un navire battu par les vagues et sur le point même d'être englouti.

La preuve que tout l'intérêt que nous attachons à ce spectacle vient du monde moral, ou, en d'autres termes, de la présence de l'homme, c'est que, supposé le navire vide, sans matelots qui luttent contre l'orage, sans passagers que glace la crainte de la mort, aussitôt cet intérêt disparait, et le sort de ce navire qui est pourtant une belle

création du génie humain, ne nous cause plus aucun souci.
Le grand attrait pour nous, attrait invincible qui nous at-
tache à tous les grands spectacles comme à toutes les
grandes commotions, c'est de voir comment se comporte
l'homme qui y est soumis. C'est le secret de ce qui se passe
dans son cœur, que nous voulons avant tout connaître.
Car c'est dans ce cœur, que nous sentons qu'est la puissance de dominer toutes les forces mêmes de la nature; et,
instinctivement, nous prévoyons que de là doit venir notre
plus grand triomphe ; et c'est surtout l'attrait de cette
étude et le désir de ce triomphe qui nous poussent à toutes
les représentations théâtrales.

De ces représentations les unes sont la peinture des
mœurs bourgeoises et des habitudes de la vie réelle, pré-
sentée, tantôt de manière à exciter le rire par ce qu'elles
ont de mesquin qui veut singer le grand, et qui, par conséquent devient ridicule, ce qui est principalement l'objet
de ce qu'on appelle la *comédie* et le *vaudeville* ; tantôt
étudiées dans les sentiments vrais de la jeunesse ( l'amour
et le dévouement) pour la femme, pour la patrie, pour
quelque grande idée de progrès général et en vue duquel
il faut lutter contre la misère, contre la haine de quelque
personnage puissant, ou contre les embuches de quelque
scélérat qui ne recule pas même devant le crime pour
arriver à ses fins, etc., etc., et tel est précisément le sujet
de ce qu'on nomme le *drame*.

Si ce drame se rattache à quelque événement historique et a pour héros quelque grand personnage bien connu, et que les paroles en soient écrites en vers, on l'appelle alors *tragédie.* Mais si ces paroles sont faites pour être chantées avec pompe et grande mise en scène, la pièce prend alors le nom d'*Opéra.*

La comédie et le vaudeville finissent ordinairement par un mariage, parce que le mariage est ordinairement le but où tend toute vie bourgeoise, et, ce but une fois atteint, l'homme de cette classe est censé entré dans le courant régulier de sa vie, qui ne doit plus avoir que les émotions ordinaires et positives de son travail, de l'éducation de ses enfants etc., que tout le monde peut prévoir, et dont la poursuite peut rarement intéresser, surtout dans une classe où le vulgarité des goûts et des occupations laisse peu de place aux rêves ambitieux ou idéals de la pensée, et aux passions que cette ambition ou ces rêves surrexcitent.

Dans le drame au contraire, et dans l'opéra sérieux qu'on appelle aussi le *grand opéra,* par opposition à l'opéra-comédie, qu'on désigne sous le nom d'*opéra comique,* ce sont précisément ces passions mises en jeu et surrexcitées par des ambitions et des rêves le plus souvent impossibles à réaliser, qui font le sujet de la pièce. Aussi le plus souvent ces pièces ne peuvent-elles finir que par la mort des héros principaux ou seulement du principal d'entre eux,

qui, dans l'impossibilité de trouver sur cette terre la réalisation d'une ambition ou de rêves opposés le plus souvent à
la moralité, aux lois, aux croyances, ou aux habitudes de
la société, doivent nécessairement espérer cette réalisation,
de leur entrée dans un monde meilleur et plus d'accord
avec l'idéal de leur pensée.

Dans le drame et dans la tragédie, ces idées, ces ambitions, ces rêves sont exprimés en style large et grandiose,
comme il convient à des gens enthousiasmés qui, tout
entiers dans les élévations ou dans les nuages du sentiment
et de la passion, oublient ou dédaignent les vulgaires réa-
lités de la vie, et sont bien loin du terre-à-terre du commun des mortels. Mais, quoique sérieux, le drame n'exclut
pas le rire, et, si l'auteur est bien avisé, il ne manque pas
de mêler à tous ses personnages à grands sentiments quelque individu plus vulgaire, qui, voyant les choses à un
point de vue plus réel, égaie les spectateurs par des réflexions naïves, beaucoup plus en rapport que celles des héros
avec les nécessités positives de la vie. C'est ainsi, mon
cher, que l'auteur de don Quichotte, cet admirable livre
que vous connaissez, a mis dans son ouvrage le vulgaire,
grossier et glouton Sancho Pança, tout occupé des soucis
de son estomac et de son ventre, en regard du sentimen-
tal et héroïque don Quichotte, qui, dans sa préoccupation
de délivrer de nobles dames et de poursuivre les chevaliers

félons et les enchanteurs, oublie le plus souvent la question plus réelle du dîner.

Dans l'opéra tous ces divers sentiments sont chantés par chacun des acteurs avec des voix différentes : *aigües* pour exprimer les sentiments de l'amour et les passions de la jeunesse ; d'un ton *moyen* pour manifester les ambitions et les goûts plus positifs de l'âge mûr ; et enfin d'un ton *bas* et grâve pour faire entendre les conseils et observations de l'expérience, de la vieillesse de la religion, etc.

Au point de vue de la musique, l'opéra a pour but de faire ressortir ces diverses voix tantôt séparément, tantôt dans un ensemble qui bien exécuté, est toujours d'un magique effet.

En dehors du chant des principaux personnages d'un opéra, qui expriment chacun leurs sentiments particuliers du moment, soit séparément soit par un ensemble de deux , de trois, et jusqu'à six ou sept voix, en y comprenant les diverses voix de femme à l'aigu et au grâve, une quantité plus ou moins nombreuse d'autres chanteurs ( hommes et femmes ) divisés par nombre égal tant de voix aigües que de voix moyennes et de voix grâves, et qui sont destinées à représenter ou les assistants et la suite des grands personnages, ou même la masse du peuple, forment ce que l'on appelle les *chœurs*, ce qui signifie chanteurs par ensemble. Tantôt les chœurs chantent seuls dans les intervalles de silence des principaux personnages, tantôt même chantent avec eux. Ils expriment néanmoins leurs sentiments particuliers sur les actions qu'ils voient se passer sous leurs yeux. Ces morceaux d'ensemble soit des chœurs seuls, soit des chœurs mêlant leur chant à celui des grands personnages, sont souvent d'un effet très-brillant.

Du reste, rarement le chant vocal soit de l'artiste soit des chœurs, se fait entendre sans être soutenu et accompagné par les divers instruments : violons, flûtes, clarinettes, pistons, basses etc. qui forment l'*orchestre*, chacun de ces instruments tenant une partie différente du chant, soit aigu, soit moyen, etc.

Maintenant, mon cher ami, je vais vous supposer assis avec moi dans un des fauteuils ou dans une des stalles d'orchestre d'un des théâtres de Nice. Prenons d'abord le théâtre de l'Opéra qui est le plus brillant. Il n'est encore que 7 heures. C'est le moment où l'on commence à entrer. La salle est à peine éclairée. Cependant les spectateurs arrivent déjà, et, plus spécialement ceux des places qu'on appelle le parterre (mot qui s'explique suffisamment) et où un petit nombre seulement pouvant être assis, il est de leur intérêt d'être là de bonne heure, pour ne pas s'exposer à une station debout de trois ou quatre heures durant. Quant aux autres spectateurs, des stalles ou des fauteuils, dont les places sont marquées et retenues d'avance, ceux-là peuvent ne pas se presser. Il leur suffit d'être arrivés au moment où se lève le rideau ; ou même plus tard si cela leur convient. Mais enfin les bancs et même les places debout du parterre sont remplies. Pendant ce temps les locataires des fauteuils et des loges sont arrivés. Tout-à-coup une illumination subite vient éclairer, comme au coup d'une baguette magique, toute la salle, et aussitôt, partout sur le devant des loges resplendissent les riches et magnifiques toilettes de femmes, de jeunes filles, en robe décolletées de bal, parées et étincelantes de bijoux, avec des fleurs et le plus souvent des diamants jusque dans les cheveux, agitant, les unes de merveilleux éventails, les autres de riches lorgnons à travers lesquels leur œil cherche à retrouver et reconnaître dans les autres loges quelque visage connu auquel elles adressent quelques signes ou quelques saluts de respect ou d'intimité.

Cela vaudrait déjà la peine de venir au théâtre quand on ne devrait pas y avoir d'autre spectacle que cette couronne brillante de femmes dans leurs plus beaux atours, souvent fort jolies, et dont un grand nombre appartient à des familles princières ou du moins des plus considérables de divers pays, ce qui laissent supposer tous les développement que donnent à l'esprit, à la pensée, au sentiment, l'instruction, l'éducation, la fortune, la puissance.

Mais voilà que le rideau s'est levé, la représentation a commencé. Ordinairement c'est un chant des chœurs qui sert d'introduction et fait comprendre la situation des principaux personnages. Puis, cette situation expliquée, le drame commence par l'arrivée de l'un des principaux personnages (homme ou femme) chantant soit en voix aigüe (l'amoureux), soit en voix de ton moyen (l'homme des intérêts positifs), soit enfin en voix de basse ou voix grâve (le vieillard) le prêtre, l'homme de loi, etc. Le drame ou l'action peut indifféremment commencer par l'une ou l'autre de ces voix ou par l'un ou l'autre de ces personnages, suivant l'importance que l'auteur prétend donner à tel ou tel rôle.

Il serait trop long, mon cher ami, de vous donner ici le détail de la manière dont l'un et l'autre de ces personnages se mêlent, se heurtent, s'exaltent, se combattent, dans l'ensemble de la représentation d'un drame, d'une comédie ou d'un opéra, et comment, de ces rapports ou de ces chocs finit par résulter enfin le triomphe de l'un ou de l'autre d'entre eux. Une seule représentation à laquelle vous assisteriez vous en apprendrait là dessus plus que vingt pages de descriptions. Du reste je me réserve de vous donner cette explication de vive voix quand nous serons réunis. Je pourrai alors, en peu de mots, vous renseigner au sujet de ce qu'on appelle la charpente d'un drame, et, vous faire comprendre d'où provient l'intérêt que ces sortes de spectacles excitent si généralement parmi les masses. Certainement l'attrait de la musique avec tous les effets qui résultent des combinaisons que je vous ai mentionnées ci-dessus, ajoute beaucoup à cet intérêt. Aussi l'opéra est-il le plus complet des spectacles, puisqu'il réunit toutes les émotions, et qu'il nous prend à la fois par les yeux, les oreilles, l'esprit, le cœur et le sentiment. Mais, même sans le concours de la musique, un drame bien fait, bien combiné, et dont les impressions ressortent bien naturellement du caractère et de la situation de chacun des personnages, réussit à intéresser et à émouvoir quelquefois au point même de tirer des larmes de tous les yeux, comme s'il s'agissait d'un fait ou d'un malheur réel.

Je dois, au reste, vous avouer, mon cher ami, que, malgré toute la puissance et tout l'attrait que je comprends que peut exercer la représentation d'un bon opéra, le théâtre impérial où se joue à Nice, ce genre de pièces, n'est pas celui que je fréquente le plus. D'abord ici tous les opéras se chantent en italien. Or, ne connaissant pas du tout cette langue, et n'ayant pas d'ailleurs les instincts bien musicaux, je perdrais beaucoup du plaisir que l'opéra peut procurer ; ensuite, mon avis est que les plaisirs délicats des sens ou de l'esprit doivent être ménagés et pris en petite quantité et rarement, comme les bons vins dont il faut bien boire quelquefois pour se réjouir avec des amis, mais dont il ne serait pas bon d'user d'ordinaire, sous peine de se blaser le palais et de ne pouvoir plus par la suite être excité par rien.

Je fréquente donc d'habitude et de préférence le théâtre ¹rançais. Mais ce théâtre à Nice n'a rien de bien remarquable. La salle, quoique même plus grande que celle du théâtre impérial, manque d'ornements et de fraîcheur. L'éclairage est peu lumineux. Aussi, pendant la semaine ce théâtre est-il très peu fréquenté. Seulement, le dimanche la foule s'y presse pour s'y repaître des émotions que donne ce genre de représentation qui constitue proprement le drame, et dont le principal attrait est la difficulté même des situations où se trouvent les principaux personnages, et la lutte quelquefois exagérée que le bon est amené à soutenir contre le méchant. Cette lutte est souvent accompagnée sur le théâtre, de surprises, de trahison, de coups de poignards, de fusils, de pistolets, même de l'emploi du poison, etc., ce qui fait pâmer d'aise ou de crainte le public qui, ce jour-là, remplit les bancs du parterre et même les stalles et les loges.

Pour moi, c'est principalement les jours de semaine que j'ai du plaisir à aller à ce théâtre. Ces jours là, le public, quoique moins nombreux est plus choisi, et les pièces quoique moins bruyantes, (ce sont ordinairement des comédies ou de vaudevilles), intéressent davantage l'esprit par l'intrigue plus naturelle sur laquelle elles roulent, et par les bons mots, souvent très fins, dont parfois elles pétillent. Et puis c'est moins sérieux, l'on y rit, ce qui me va beaucoup mieux que de voir des choses tristes et qui portent à pleurer.

Malgré celà ce spectacle n'est pas très brillant. Jusqu'ici le théâtre français avait été très négligé à Nice. Messieurs les Niçois qui comprennent très peu notre langue et parlent presque tous patois, même dans les hautes classes, paraissaient faire fort peu de cas des représentations françaises. Aussi, le plus souvent, les artistes français jouaient-ils dans une salle vide et devant les banquettes, ce qui était très peu propre à les échauffer et à leur donner du talent. Comme, du reste, ils étaient fort peu payés, il est à croire que ce n'étaient pas des artistes de premier ordre. Cette année, la troupe française est beaucoup meilleure, ce qui a permis sans doute de donner des pièces mieux choisies et de plus grande importance. Et, comme Messieurs les Niçois commencent un peu à se civiliser et probablement à mieux comprendre notre langue, ils ne repoussent pas autant les représentations françaises. Et même, le Dimanche, qui est leur jour de théâtre, il est bien rare qu'ils y laissent une seule place vide.

Vous parlerai-je maintenant des diverses sociétés que l'on rencontre à Nice ? Comme bien vous pensez, ces sociétés sont fort variées. Il y en a de toutes les nations, ce qui amène beaucoup de bigarrures dans les physionomies, les tournures, les costumes, les langages et enfin les mœurs, les habitudes et les manières d'être. Parmi les étrangers les plus remarquables sont toujours les anglais. Rien de plus risible que leur accent britannique et la manière curieuse dont ils s'efforcent de prononcer le français : *Aoh! comment vô appeler ce rue-ci. Oh! yès, jé avé beaucoup de satisfécheunn de été venou môa dans cette beau pays. Il était aussi oun beau pays dans lé Angleterre, etc. etc.* Mais en dehors même de leur langage il n'est pas difficile de les reconnaître à des signes qui ne permettent guère de se méprendre:

C'est d'abord leur costume le plus souvent excentrique, leur tournure raide et empresée, leurs larges favoris roux et surtout l'air de béatitude matérielle qui se reflète sur leur face le plus souvent large et colorée. Pour les anglaises elles ne se reconnaissent pas moins facilement. Il est vrai qu'elles ne portent plus autant qu'autrefois, du moins à Nice, ces costumes d'aspect original et bizarre qui les faisait remarquer; on ne leur voit plus guère non plus ces chapeaux en forme d'entonnoir d'où pendait un immense voile vert dont le vent agitait et souvent repoussait contre leur figure les plis fantasques; elles sont à peu près vêtues aujourd'hui comme tout le monde, c'est-à-dire avec des costumes qui ne se distinguent pas beaucoup des formes et des modes adoptées par les dames françaises; et cependant il y a dans l'ensemble de leur tournure, de leur tenue, de leurs manières, même chez les plus jolies, quelque chose qui fait dire à première vue: voici une anglaise ! Les étrangers des autres nations (hommes ou femmes) sont moins remarquables, et ce n'est guère qu'à leur langage qu'on peut reconnaître leur nationalité.

Du reste, je crois bien que la partie la plus nombreuse de la population étrangère à Nice ce sont les anglais; aussi ont-ils fait prévaloir dans tous le pays leur habitude de morgue britannique, leur étiquette gourmée, et la domination de leur *môa* personnel.

C'est d'après ces principes et les habitudes qui en dérivent, que le silence le plus solennel s'est pris à régner dans les restaurants, pendant le diner, sans que deux individus qui mangent à la même table songent le plus souvent à s'adresser ni une parole ni une politesse; de sorte qu'ils pourront avoir ainsi mangé côte à côte pendant une saison, sans qu'il se soit établi entre eux une connaissance plus intime que le premier jour.

Pour des gens habitués, comme on l'a toujours été dans nos pays, à cette bonne *franquette* et à cette naïve confiance qui fait que nous sommes disposés à nous faire un ami de celui avec qui une circonstance quelconque nous réunit même momentanément, j'avoue qu'il y a quelque peine à ne trouver qu'une *statue* ou un *automate* à mouvements mécaniques, dans l'individu que le hazard nous donne pour voisin de table. Car on ne peut pas appeller celà un compagnon; et c'est vraiment à se sentir crispé, quand on ne voit autour de soi que de pareilles machines, et quand, pour toute récréation et pour tout accompagnement de ses repas, on n'a que le son monotone des cuillères et des fourchettes se heurtant contre les assiettes, ou le bruit de machoires plus ou moins absorbées dans le travail grossier de la mastication.

Oui, mon cher ami, grâce à cette triste influence des habitudes anglaises qu'on laisse malheureusement s'introniser parmi nous, notre bonne franchise, notre heureuse gaité gauloise, tendent à disparaître même de ces repas jadis si animés par les vivacités et les éclats de cette gaité. Ces tables d'hôte même, autrefois l'un des plus grands agréments du voyage, parce qu'elles réunissaient les caractères les plus divers, venus des pays les plus opposés, et entre qui, précisément par cette raison, se liaient les amitiés les plus vives et les plus durables, ces tables d'hôtes ne sont plus aujourd'hui que de tristes refectoires peuplés d'individus silencieux, et à qui, comme dans un séminaire, il pourrait, pendant tout le repas, être fait une lecture qu'aucune voix, aucune parole des dineurs ne viendrait interrompre.

Aussi, pour moi le temps que je passe au restaurant est-il le temps le moins agréable et le plus monotone, et, le plus souvent, j'ai hâte de l'abréger en *dépéchant* les mets, à moins que le hazard ne me fournisse quelques camarades de table, un peu moins *anglicisés*: et l'expérience m'a

prouvé que je ne les trouvais guère que dans les hommes
venus de nos pays.

Mais s'il y a peu de communication à Nice entre des gens
qui prennent le même repas, vous devez comprendre, mon
cher ami, qu'il y en a bien moins encore entre les promeneurs. Aussi ne faut-il pas espérer de faire aucune connaissance ni dans les promenades, ni dans les jardins pu-
blics, ni même dans les théâtres et les cafés; et, ce qui va
vous paraître plus fort et plus étrange, c'est que des individus avec qui presque tous les jours je fais ma partie de
billards, ignorent parfaitement qui je suis, et, qu'à leur
égard, je n'en sais pas davantage.

Seulement nous nous trouvons à la salle où sont les billards. Y en a-t-il un de libre, ils prennent la queue; j'en fais
autant, et voilà la partie commencée, sans presque qu'elle
ait été proposée. L'enjeu est ordinairement le paiement des
frais, et quelquefois une petite consommation; mais l'intimité ni même la connaissance ne vont pas plus loin; de
sorte que partout ici on est isolé et on ne cesse jamais d'y
être étranger.

Avec les Niçois (1) c'est encore pis. D'abord votre qualité d'étranger (pour eux est étranger quiconque n'est pas

_____

(1) Le plus grand nombre du moins, car il y a à tout des
exceptions, mais ici elles sont rares, au dire de la plupart des
étrangers.

né dans le pays et ne parle pas leur affreux patois) votre
qualité d'étranger, dis-je, fait qu'ils ne vous considèrent
jamais, (habitassiez-vous leur ville depuis dix ans) que
comme des pigeons plus ou moins gras et plus ou moins
chargés de plumes dont ils espèrent bien avoir quelque profit, de sorte que, fussiez-vous admis dans leur familiarité,
dans leur intimité même, ce qui n'arrive guère que de la
part des propriétaires désireux de retenir plus longtemps
un bon locataire, il ne faut pas penser que pour celà ils
vous fassent la moindre concession, ni que la crainte de
vous désobliger les porte à glisser quelque peu sur une
question d'intérêt, même le plus minime. Non, pour eux,
dans leurs rapports avec l'étranger, l'intérêt domine tout,
et de leur part l'amitié n'est qu'une manifestation au service de cet intérêt. Tant donc durera cet intérêt, tant durera leur amitié; mais l'un blessé à leur point de vue,
adieu toutes les manifestations empressées de l'autre. Vous
n'avez pas acquis sur leur sentiment plus de droit que le
premier jour.

Tel donc en arrive à Nice, tel on le quitte, sans avoir, le
plus ordinairement, conquis une affection de plus. Tous
les étrangers disent là dessus comme moi.

Ainsi, mon cher ami, à Nice, vous le voyez, les intimités
sont rares, et en ce pays il faut, presque pour tout, se con-
tenter du coup d'œil.

Il est vrai que généralement ce coup d'œil est assez gracieux. Je ne parle pas de l'ensemble de la ville, qui, dans la partie consacrée aux étrangers, qu'on appelle aussi la nouvelle ville, présente de beaux quais, de très belles places, des rues larges, spacieuses, très bien pavées en dalles plates, et généralement assez propres (du moins depuis l'annexion). Toutes ces choses qui font réellement de Nice une belle ville, peuvent se rencontrer ailleurs: leur charme existe surtout lorsqu'on les voit pour la première fois, et, à la longue, l'habitude nous les rend presque indifférentes. Ce qui leur donne leur valeur, c'est surtout cette foule animée, empressée et brillante, qui, à certaines heures, parcourt et sillonne dans tous les sens ces rues, ces places, ces quais; ce sont ces élégants et nombreux tilburys qui passent emportant rapidement les uns des familles entières, les autres des essaims de jeunes femmes parées de costumes gracieux, de chapeaux coquets, et à la figure rayonnante, presque toujours en compagnie de gentils et galants cavaliers; ce sont aussi ces mêmes jeunes femmes, descendues de leur équipage pour quelque emplette à faire dans quelqu'un des élégants magasins qui garnissent ces rues; c'est enfin la jeune fille niçoise avec sa tournure élégante, son costume à la fois simple et coquet, sa démarche légère, son œil noir, sa figure souvent fine et piquante, et aussi sa coiffure originale de cheveux tombant en chignon sur le cou et retenus par un filet; enfin c'est tout ce qui rappelle la vie et le mouvement. jusqu'à cette diligence qui arrive

chargée de voyageurs, ou qui repart au bruit des éclats du
fouet de son postillon; jusque même à ce portefaix que je
rencontre suivant le voyageur, les épaules chargées de ses
bagages (1).

---

(1) Dans l'éloge que je fais ci-dessus de la jeune fille niçoise et de son goût dans sa toilette et sa coiffure, je suis loin
de comprendre ce disgracieux bonnet à éventaire, élargi encore
par des profusions de rubans et de fleurs, dont beaucoup
d'entr'elles entourent leurs cheveux. C'est, il est vrai, la coiffure générale des jeunes filles de la classe ouvrière qui n'oserait porter le chapeau, réservé encore aux femmes de la classe
bourgeoise. Mais cette coiffure n'en est pas moins disgracieuse
et de mauvais goût. Aussi j'approuve pleinement celles de ces
jeunes filles (et c'est déjà un grand nombre) qui pour se sous-
traire à la tyrannie d'une mode qui les dépare, ont pris l'habitude de ne sortir jamais qu'avec leur coiffure de cheveux.

Vraiment la jeune fille niçoise ne manque ni de tact, ni de
goût. Il y a presque en elle l'étoffe d'une parisienne. Malheureusement il ne faut pas qu'on l'entende parler. L'affreux patois du pays, quoique moins repoussant dans la bouche des
femmes que dans celle des hommes, donne toutefois à la femme
un air et un ensemble de physionomie vulgaire qui détruit
tout le prestige extérieur de sa distinction native. Ce ne sont
que des *a-ki*, *a-ko*, *ka-t-a-ki*, *ka-t-a-ko*, etc., qui leur déchirent
si disgracieusement le gosier et font faire à leur bouche de si
vilaines grimaces, qu'il est impossible de ne pas se sentir
rebuté et repoussé même de la plus belle, ou plutôt qu'il n'y a
pas de beauté dont la pensée puisse se maintenir au milieu
d'une pareille cacophonie.

Le jour où la jeune fille et la femme niçoises auront enfin
abandonné ce malheureux patois pour ne plus parler que le
le français, que j'ai toujours trouvé si doux et si mélodieux
dans leur bouche, quand j'ai pu en entendre quelqu'une le parler un peu correctement, ce jour-là, la femme niçoise pourra
rivaliser pour la tenue, le bon ton, la grâce même, avec la
parisienne, de qui elle a déjà naturellement la tournure, la distinction, l'élégance et enfin la finesse d'attitude et d'expression.

Voilà pourquoi, quand est venu l'été, et que tout cela a disparu, Nice m'a-t-on dit, ne parait plus qu'un vaste désert, et que la beauté de ses places, de ses quais, de ses rues n'apporte plus que de l'ennui. Profitons donc pour l'étudier, de ce que la foule, qui fait sa vie, y est présente et l'anime encore, et voyons un peu ensemble ce que, grâce à cette foule, cette ville peut nous présenter de curieux.

Un des endroits les plus fréquentés de Nice par la société élégante, c'est le quai du Paillon qui se rend au Jardin Public et que j'ai dit s'appeler le *quai Masséna*. C'est plutôt un passage qu'une promenade; car les trottoirs n'y sont pas fort larges, mais comme il est très-bien situé, au midi, et qu'il est bordé de magasins de bijouterie, d'objets d'art, d'articles de toilettes, plus spécialement turcs ou arabes, qu'il s'y trouve aussi des marchands d'antiquités, de dentelles et de colifichets, c'est peut-être l'endroit où il se rencontre le plus de jolies femmes, à qui le prétexte de contempler quelque bijoux, ou quelque autre objet qui excite leur envie, permet de s'arrêter pour laisser à l'amateur le loisir d'admirer la blancheur de leur teint, la sveltesse de leur taille, et quelquefois jusqu'à la finesse de leur jambe et la petitesse de leur pied. C'est aussi sur ce quai que se trouve l'entrepôt de fleurs de notre célèbre *Alphonse Karr*, avec cette enseigne assez originale : Alphonse Karr *Jardinier*. Nouveau motif pour les jeunes dames de s'arrêter à admirer les belles fleurs produites par

les soins de l'illustre horticulteur, et surtout l'art avec
lequel il sait arranger ses bouquets pour les rendre gracieux et agréables à la vue.

A propos de bouquets, j'en ai vu ici d'une dimension
qui passe tout ce que l'on peut imaginer. L'année dernière,
à l'occasion d'une espèce de rivalité qei existait entre les
deux premières cantatrices du théâtre italien, ou plutôt
entre leurs partisans, j'ai vu apporter sur la scène pour
chacune d'elles un immense bouquet de violettes, parmi
lesquelles se trouvaient plusieurs couronnes de camélias,
et même, au milieu, figurées aussi par des camélias, les
premières lettres du nom de chacune de ces artistes. Chaque bouquet n'avait pas moins de près de deux mètres de
hauteur. Il était fixé à une forte pièce de bois qui servait
de moyen à l'homme qui le portait, pour le soutenir. Ces
bouquets ne pouvaient pas avoir coûté moins de deux à trois
cents francs chacun. Pour en faire deux pareils chez nous,
il aurait fallu épuiser toutes les violettes du département.
Mais à Nice les fleurs ne sont pas rares, on ne voit que
cela. Et pourtant elles ne sont pas à bon marché. (Mais
qu'est-ce qui est à bon marché ici pour l'étranger?) et malgré cela il s'en fait de véritables débauches. Quelques jours
avant le don des deux bouquets monstres dont je vient de
parler, il avait été lancé au même théâtre et pour les
mêmes cantatrices, quelque chose comme deux à trois
cents bouquets d'une dimension ordinaire, mais qui chez

nous, eussent déjà passé pour assez gros. Comme vous le
voyez, il n'est rien comme la concurrence en fait de sentiment ou de passion pour pousser aux folies. Mais au moins
ces folies profitaient aussi aux faiseurs de bouquets, et je
me plait à penser qu'à ce titre Alphonse Karr aura dû
avoir sa bonne part du *gâteau*.

Je passe à la promenade dite *des anglais*. Ce nom lui a
été donné, parce que les premiers frais des travaux de sa
création, qui est tout-à-fait récente, ont été soldés du produit d'une collecte faite par la colonie étrangère des anglais à Nice, pour donner du travail à une quantité d'ou-
vriers niçois, qui en manquaient. Cette promenade est une
magnifique chaussée qui s'étend tout le long de la mer
jusqu'à l'entrée de Nice, à peu de distance de l'embouchure
du Var, ancienne limite entre le Piémont et la France
avant l'annexion. Cette chaussée est bordée d'arbustes qui
certainement seront dans quelques années de grands arbres ; car il est inoui avec quelle rapidité croit toute végétation dans ce pays. Le Jardin-Public, m'a-t-on dit, n'est
planté que depuis cinq ans, et déjà la plupart des arbres
donnent une ombre épaisse, comme ceux de notre pays la
donneraient au bout de dix ou quinze ans.

Le principal agrément de cette promenade, c'est d'être
sur le bord de la mer, et de permettre d'y venir respirer
le frais du matin, à l'heure où le soleil commence à avoir
un peu de chaleur. Des bancs sont établis de distance en

distance, disposés de telle sorte qu'on peut s'y tourner à volonté du côté de la mer ou du côté des promeneurs. Je m'y assieds assez souvent, tantôt pour contempler la mer, dont l'immense étendue m'inspire des rêveries que berce le bruit monotone des vagues frangées d'écume qui viennent heurter, presqu'à mes pieds, les galets du rivage; tantôt pour épier, aux heures de la promenade, la pensée intime de ces beaux messieurs et de ces belles dames que je vois passer devant moi, en grand nombre, vers le soir surtout, à l'heure du déclin du soleil.

Mais je m'y attarde peu, et surtout je n'y vais jamais une fois la nuit tombée. Ce n'est pas que cette promenade ne soit magnifiquement éclairée maintenant par une longue série de lanternes à gaz, qu'on y a fait placer depuis peu ; c'est surtout par la crainte de l'humidité du soir, qui, une fois le soleil couché, tombe presque régulièrement en une brume épaisse, mouillant presqu'à l'égal d'une pluie, et impreignant d'eau les vêtements de ceux qui s'y trouvent exposés.

Par suite donc de cette humidité du soir, on se promène peu à Nice dès que la nuit est venue, si ce n'est à ce que l'on m'a dit, dans les grandes chaleurs de l'été. En toute autre saison, les théâtres, les cercles, les cafés absorbent la jeunesse et la partie libre de la population indigène ou étrangère.

Les autres sont retirées dans leur famille ou dans des

réunions à l'intérieur. Du reste il y a très peu de magasins ouverts passé huit heures, et la promenade par les rues offrirait peu d'attrait.

Maintenant si nous franchissons le Paillon, ( ce que l'on peut faire par deux ponts, en pierre, l'un très beau et très large, appelé le *Pont-Neuf*, et l'autre avec un cachet d'antiquité qui a aussi son mérite, ce qui l'a fait nommer *Pont-Vieux*, ) nous trouvons encore un beau quai planté d'arbres, de belles rues et de belles places avec de beaux et riches magasins, et aussi un *Cours* planté d'arbres et bordé de cafés. Pendant l'été on y fait de la musique une fois par semaine, ( le dimanche soir ) pendant deux heures, et ce n'est alors que le jeudi qu'elle se fait au jardin public.

A l'époque du carnaval ( plus spécialement le dimanche et le mardi gras) ce cours devient le théâtre d'une scène à la fois curieuse et bizarre que je n'ai encore vue qu'à Nice, mais qu'on m'a dit se reproduire à la même époque dans toute l'Italie et plus spécialement à Rome. Ces jours là, tout ce que Nice, renferme de dandys, de personnages titrés, d'élégants et d'élégantes, et de joyeux viveurs, endosse, les uns des costumes de pierrots, les autres des burnous arabes, ceux-ci de simples dominos blancs ou gris. Tous se couvrent la face d'un masque à grille très fine, semblable à ceux que l'on emploie pour faire de l'escrime; et, munis de sacs renfermant les uns des bonbons, les autres de la

farine mêlée de haricots en grains, de boules de plâtre en
forme de pois etc, se rendent en voiture vers le Cours. Les
uns s'y embusquent à toutes les fénêtres des premiers étages, et sur quelqu'une des terrasses qui s'y rencontrent; (1)
les autres continuent leur promenade, toutes les voitures
se suivant à la file, pour faire successivement le tour du
Cours que même ils recommencent plusieurs fois. Mais tout
le long de leur passage, il part de toutes les fenêtres
des quantités de farine, de pois, de bonbons faux et
véritables, etc, auxquels ils ripostent, bien entendu. par
un envoi non moins énergique à leurs adversaires de projectiles semblables ; de sorte que bientôt un immense
nuage b'anchâtre obscurcit l'air et vient couvrir de farine

-----

(1) Principalement la terrasse de l'établissement et cercle
littéraire *Visconti*, connu dans toute l'Europe pour la facilité
qu'on y a, moyennant un abonnement modique, d'y lire tous
les journaux français et étrangers, et tous les livres de sa
nombreuse bibliothèque au nombre de plus de douze mille
volumes.

C'est de là que j'ai vu les mains aristocratiques de madame
la Préfète en compagnie de madame la comtesse de ***, la ba-
ronne de ***, etc, etc, ne pas craindre de se plonger, pendant
plus de deux heures durant, dans de larges sacs de farine pour
en asperger ceux ou celles de leurs amis ou connaissances que
les voitures amenaient à leur portée, lesquels ne se faisaient
pas faute de leur renvoyer la mounaie de leur pièce par de
larges poignées de farine qu'ils tiraient, eux aussi, de leurs
sacs ; les plus galants pourtant, envoyant au lieu de farine, de
beaux bouquets de violettes ou même des poignées de bonbons.

les cheveux, les vêtements, la figure des innombrables curieux, que ce spectacle réjouit fort et qui battent des mains
quand quelque vaillant combattant a réussi à bien enfa-
riner son adversaire.

Ce spectacle a tant d'attrait pour les niçois et surtout
pour les niçoises pur sang, qu'on voit un grand nombre de
jeunes filles se promener bras dessus bras dessous au milieu
de la bagarre, exprès pour se faire ainsi asperger; et la plupart d'entre'elles ne seraient pas contentes si, ces jours-là,
elles ne rentraient chez-elles les cheveux aussi blancs que
si on les avait poudrés, et avec une figure et des vêtements
qui feraient croire qu'elles reviennent d'un moulin. Peut-
être s'imaginent-elles ainsi acquérir quelque ressemblance
avec les marquises et comtesses de l'ancien temps, et je
dois avouer que bon nombre d'entr'elles, surtout les jolies,
ont, ma foi, sous la poudre assez bon air.

Du reste, plus ou moins, ces jours-là, être poudré, (qu'on
ait l'air de marquis ou de meuniers ), c'est un peu l'aspect
de tout le monde, du moins de ceux qui ont voulu voir
la fête; et il est bien rare que, si peu qu'on s'y soit exposé,
on n'ait pas reçu quelque éclaboussure. Souvent même,
quoiqu'il ne soit permis de jeter de la farine que dans le
Cours, quelque masque plus osé, vous prenant à l'impro-
viste, même dans une rue éloignée du lieu du combat, ne
craint pas de vous jeter à la figure ou dans les yeux le reste
de son sac. Toutefois, dans le cours, nul n'est à l'abri de

l'attaque. Les autorités elles mêmes ne sont pas épargnées. J'ai vu pas mal de sergents-de-ville, les vêtements couverts en ce jour d'une noble poussière, qui témoignait du peu de respect que l'on avait eu pour leurs galons. Que dis-je ? jusqu'aux vêtements même du commissaire central proclamaient en ce jour l'égalité de tous devant la farine !

Mais les plus maltraités, en ces jeux de folie, ce sont évidemment les cochers. Juchés sur le haut de leur siège, ils sont en belle place pour recevoir les premiers les projectiles que quelques uns leur adressent de préférence, vû qu'ils ne peuvent pas riposter. Malgré celà, la plupart se dressent sur leur siège et semblent fiers de cette poudre blanche qui les recouvre. Peut-être s'imaginent-t-ils que cette poudre les a fait monter en grade, et qu'il leur suffirait maintenant d'une perruque à marteaux pour être tout à fait des cochers de grands-seigneurs ! Tous, du reste, se consolent en tâtant leur escarcelle qui, le soir, va se trouver bien garnie. Car ce n'est pas pour rien que ces jours là on peut jouir d'une voiture. La meilleur marché ne coûte guère moins de 40 francs pour deux heures, et il y en a qui sont payées bien davantage. Les chevaux ne sont pas plus heureux que leurs maîtres et n'ont pas à attendre les mêmes compensations. Quant aux voitures, on a eu le soin de les recouvrir tout entières, les roues comprises, d'une enveloppe blanche avec des raies bleues ou roses, ce qui les fait tout à fait ressembler à des voitures de théâtre, et donne à toute cette scène un aspect à la fois comique et gracieux.

Tous les matins il se tient au *Cours* un marché très animé où les paysans et les paysannes des environs viennent apporter leurs fruits et leurs légumes. Ce marché n'a rien de bien remarquable, si ce n'est le genre de chapeau assez original que portent la plupart des femmes de la campagne de Nice. Ce chapeau, qu'elles nomment *capeline,* est à tout prendre une coiffure assez gracieuse, tout en ayant l'avantage de garantir parfaitement leur tête du soleil. Figurez-vous une sorte de plateau rond, en paille tressée, à peu près de la dimension d'une petite ombrelle, un peu creusée, par dessous, et se relevant légèrement par dessus et par le milieu en pain de sucre.

Ce chapeau est doublé par dessous d'une étoffe bleue ou rose. Il se porte posé à plat sur le sommet de la tête, exactement comme le petit chapeau de nos femmes de la Bresse, et il est d'un très bel effet, surtout quand, par dessous, ressort un visage frais et jeune, d'un bel ovale, avec un œil noir et pétillant, une bouche rose, de belles dents et une brune chevelure bien peignée, ce qu'il n'est pas rare de rencontrer : car la paysanne de Nice, quand elle est jeune surtout, est très coquette, et, dans sa simplicité, sa toilette ne manque pas d'élégance. Elle ne dédaigne pas non plus les parures de luxe, et très souvent sur le sein de la plupart d'entr'elles s'étale une large croix d'or de la dimension de celles de nos évêques.

En face du Cours se trouve le palais de la Préfecture anciennement palais du Gouvernement. Il n'a rien de remarquable qu'un petit jardin placé devant la façade et dont le principal ornement est un palmier, le seul à Nice dont les fruits arrivent à maturité. Avant l'annexion, ces fruits étaient d'ordinaire envoyés à Turin pour être servis sur la table du roi.

Par le haut du Cours, nous touchons au palais de justice, ancien palais du Sénat, et aux prisons. A gauche se trouvent les rues qui communiquent à la ville des Niçois, proprement dite, qui est aussi appelée l'*ancienne ville*. C'est un ramassis de rues étroites et tortueuses, bordées de vieilles et antiques maisons dont le rez-de-chaussée a, sous le nom de magasins, des *trous* noirs qui, quoique très profond, ne reçoivent de lumière que par la porte. C'est encore un problème à résoudre comment les habitants peuvent se mouvoir et se reconnaître au milieu de cette obscurité. Eh ! bien, malgré cette obscurité, et malgré le peu de décoration de ces trous, où l'on ne voit que des murailles grossières et nues comme celles d'une cave, ils sont tous presque continuellement remplis d'acheteurs, et c'est merveilleux de voir, principalement dans la matinée, la foule qui se presse, entrant et sortant, à la porte et dans l'intérieur de ces espèces de ruches humaines.

Avant l'annexion il existait, m'a-t-on dit, sous le regime piémontais, une très grande malpropreté de ces maisons et de la plupart des rues ou elles se trouvent. Il n'était pas rare de voir ces rues encombrées jusque devant les maisons de toutes sortes d'immondices et d'ordures, quelques unes beaucoup trop peu inodores.

Les lois françaises sur la voirie, et les amendes qu'elles prononcent contre les contrevenants, y ont un peu mis ordre, ce qui n'a pas mal fait crier dans les premiers temps messieurs les Niçois, qui trouvaient très mauvais qu'on les dérangeât de leurs habitudes apathiques de malpropreté et d'incurie. Mais, aujourd'hui qu'on les a forcés de prendre des habitudes contraires, et de tenir propre le devant de leurs maisons, ils murmurent moins contre ce régime dont ils reconnaissent enfin les avantages, et ils étendent même les soins de propreté jusqu'à leur intérieur et à leur personne, qu'ils laissent beaucoup moins ronger de vermine, ce qui est déjà un immense progrès qu'ils devront à la domination française.

Ils nous en devront bien d'autres, tels que le chemin de fer dont la continuation de Toulon jusqu'à Nice est presque achevée, puisqu'il n'est déjà plus qu'à quelque kilomètres de cette ville, où quelques mois suffiront pour le faire arriver.

Et ce chemin de fer sera certainement pour Nice une grande prospérité, parce qu'il y maintiendra toujours un courant de voyageurs, même pendant la saison d'été, que j'ai oui dire y avoir été jusqu'ici ce qu'il y avait de plus triste au monde. Non pas que le climat y soit mauvais ou trop chaud. Non, au contraire, les chaleurs sont peut être moins pénibles qu'ailleurs. Car ici à partir de 9 à 10 heures du matin, il s'élève régulièrement de la mer une brise fraiche qui règne toute la journée et empêche qu'on ne s'aperçoive de la chaleur. Mais pendant cette saison, comme je vous l'ai dit, l'absence totale de tout étranger fait de cette ville une ville morte, principalement dans la partie qui est sur la rive droite du Paillon, du côté du Jardin public et de la mer.

Là, à partir de la fin de mai, jusqu'à fin-septembre, tout est fermé, villas, hôtels, magasins; et les promeneurs, en hiver si nombreux, ne brillent plus que par leur absence. Dans les autres quartiers de la ville, tous les habitants aisés sont à la campagne, et les autres, abrutis par l'oisiveté et le désœuvrement, n'ont plus que des figures maussades. Du reste, ils paraissent si peu nombreux pour une ville si étendue, que l'aspect général est celui d'un désert. On dirait de ces anciennes cités d'orient abandonnées, où la présence d'un ou deux visiteurs, perdus dans cette immensité, ne sert qu'à les faire paraître plus vides, et à en rendre le silence plus triste et plus solennel. Mais le chemin de fer changera tout celà, et je ne doute pas que, d'ici à quelques années, Nice ne soit presque aussi animé l'été que l'hiver.

En outre de la prolongation du chemin de fer, nous aurons aussi amélioré leurs routes et les rues intérieures de l'ancienne ville, qui déjà, depuis nous, sont presque toutes pavées, sans compter d'autres nombreuses améliorations et divers établissements dont nous les aurons dotés. Mais comme il faut que toute médaille ait un revers, pour compenser tous ces avantages, nous les aurons aussi, il est vrai, dotés d'une extrême cherté de loyers et de denrées, qu'ils ne connaissaient pas avant de nous appartenir. Car la spéculation des hommes du Nord, beaucoup plus active que celle des hommes du Midi, sait profiter de toutes les circonstances qui peuvent lui permettre de réaliser de plus grands bénéfices.

Et l'affluence des étrangers sur un point est une circonstance que cette spéculation s'empresse aussitôt d'exploiter.

Mais tout celà se nivèlera à la longue, et l'ensemble des résultats sera pour chacun un accroissement de confortable et de bien être.

Nous ne pouvons pas quitter le Cours sans monter quelques instants sur la *Terrasse* qui le domine du côté de la mer, et qui sert de toit à la longue étendue de cafés et de magasins qui longe le Cours de ce coté. De cette terrasse, merveilleuse par son étendue qui est de près d'un kilomètre de long, on jouit, en se tournant du côté de la mer, d'un des plus beaux coups-d'œil de Nice, excepté pourtant celui du château dont je parlerai plus loin. Mais le château est éloigné et il faut beaucoup gravir pour y arriver, tandis que la terrasse est à proximité et ne demande pas une ascension plus haute que celle d'un étage. Et pourtant, de cette petite élévation, l'œil embrasse d'un regard toute la vaste étendue de la *mer de Nice*, enfermée dans cet immense fer à cheval de plus de six lieues de circonférence qui commence du côté de l'Italie à la baie de *Villefranche*, et se termine du côté de France à une pointe de terre qu'on appelle la pointe d'*Antibes* à environ quatre lieues de là.

De cette terrasse, l'œil suit à droite tout le développement d'un immense quai qui se prolonge jusqu'à l'embouchure du Paillon, sous le nom de *quai du midi*, et est continué de l'autre coté du torrent par la belle *promenade des anglais* dont je vous ai parlé. A gauche on a devant soi et presque sur sa tête la masse lourde et élevée de l'immense rocher sur lequel était bâti le *vieux château*, et qui descend ses larges tourelles jusques presque au bord de la mer; et, un peu plus loin, on voit se dérouler la petite chaine de collines nues que suit la route nouvelle qui conduit à Villefranche, et qu'égaie pourtant une série de coquettes et élégantes villas, toutes dominées par les tours élevées et pittoresques d'un château de construction nouvelle, mais de forme tout à fait antique et féodale. Du point de vue d'où nous le considérons, ce château, présente à peine l'apparence d'un joujou; mais quand on y est et qu'on le visite, c'est toute autre chose. Ces tours si petites de loin, qu'elles font penser à celles d'un jeu d'échecs, prennent, vues de près, une apparence grandiose et rappellent ces châteaux-forts des hauts barons du moyen âge, auxquels, du reste celui-ci ressemble à la fois par son apparence extérieure et par sa construction intérieure, ayant, comme les anciens châteaux-forts, des murs creux à chambres secrêtes et à escaliers dérobés qui descendent jusqu'à la mer, vers laquelle aussi s'abaisse et descend une série de terrasses placées les unes au dessus des autres sur toute la pente de la colline de rochers sur laquelle se développe ce château. Pour la construction de ce nouveau manoir, son propriétaire, un anglais, le colonel Smith, a déjà dépensé, dit-on, plus d'un million.

En traversant quelqu'une des rues de l'ancienne ville niçoise, et se dirigeant du côté des montagnes, on arrive sur un vaste quai où se trouve une belle avenue d'arbres et qui borde le torrent du Paillon. Cette avenue qui forme une belle promenade se prolonge dans toute l'étendue du quai (près d'un kilomètre) et aboutit, du côté de l'Italie, vers l'extrêmité de l'ancienne ville, à une immense place entourée de maisons à portiques d'un bel effet, mais sous lesquels se trouvent des magasins d'assez pauvre apparence, quoique quelques uns appartiennent à de riches commerçants et même à des banquiers.

Mais c'est encore ici le mode de l'ancienne ville, et là, comme les relations et les affaires ont lieu moins avec les étrangers qu'avec les niçois, on ne se donne point le souci de rien sacrifier au luxe. Ce n'est pas que cette place ne soit pas très fréquentée par les étrangers. Car là seulement se trouve la *grande poste*, et, pour peu qu'on ait quelque lettres poste-restante, ou quelque argent à envoyer ou à retirer, il est indispensable d'y venir.

De cette place, que l'on appellait autrefois place Victor et qui porte aujourd'hui le nom de *place Napoléon*, on peut ou suivre la route d'Italie en se dirigeant devant soi vers les montagnes par une large et belle rue qu'on appelle *rue Victor*, ou se rendre vers le port. L'on peut y arriver par deux rues, toutes deux larges et belles, l'une appelée *rue Cassini*, du nom d'un célèbre astronome né à Nice, et l'autre appelée *rue Ségurane*, du nom d'une jeune fille niçoise, la Jeanne d'Arc de ce pays, qui, il y a quelques cents ans, sauva Nice d'une invasion de Turcs, qu'elle repoussa, presqu'elle seule, à coup de hache, jusqu'à ce que ses compatriotes, avertis par ses cris, fussent venus à son aide, et, électrisés par sa valeur, eussent triomphé de leurs adversaires qui prirent la fuite.

Vrai ou faux, ce trait d'héroïsme est représenté en détail sur le rideau principal du théâtre impérial de Nice. Sur le premier plan, l'héroïne tenant un drapeau à la façon de Jeanne d'Arc, est conduite au temple de Mémoire par les guerriers en cuirasse qu'elle a délivrés, et, dans le lointain, on la voit sur les murailles de la ville repoussant l'assaut des Turcs. Un peintre de Nice a fait de cette héroïne un portrait assez grossier, qui est à l'hôtel de ville. Du reste on rapporte qu'elle était de vilaine figure avec de gros traits massifs, ce qui l'avait fait surnommer *la laide* ; mais comme on le voit, celà ne l'a pas empêchée de sauver son pays, ce qui prouve que dans un vilain corps peut habiter une belle âme, et qu'il n'y a pas d'être si déshérité en apparence dont on ne puisse attendre quelque chose de bon.

A droite de la rue Ségurane et dominant non-seulement cette rue, mais toute la ville et tout le port, s'élève, à la hauteur d'une montagne, un immense rocher où se trouvait autrefois ce qu'on appelle aujourd'hui le *vieux château*. C'est là qu'il faut monter pour bien comprendre le plan et tout le site de Nice et des environs. Faisons y une excursion de quelques instants. C'est, du reste, une promenade fort agréable. On peut y monter par un large chemin à voiture en pente assez douce qui tourne tout autour en zig-zags jusqu'au sommet. Ce chemin est bordé de cyprès qui dressent contre le talus leurs hautes pyramides verdoyantes. En quelques endroits d'immenses cactus, (aloës ou figuiers de Barbarie) écartent comme des choux gigantesques leurs larges feuilles pointues, hérissées de piquants, et que termine un énorme aiguillon.

Les amateurs qui ne veulent pas suivre les longs détours du chemin à voiture, peuvent gravir plus rapidement le rocher par des sentiers tracés dans les bosquets de feuillage dont il est couvert, et qui aboutissent à de charmantes petites allées ombragées, ce qui fait de cette ascension, peut-être un peu rude, une promenade charmante. Ce charme augmente par la vue toujours plus étendue que l'on a, à mesure que l'on s'élève, et qui fait que bientôt on embrasse non-seulement toute l'étendue du port et de la mer qui est au pied du rocher, mais qu'on arrive à dominer jusqu'aux montagnes qui environnent Nice.

On voit non-seulement la masse de maisons, qui forment cette ville, mais on distingue même toutes les sinuosités des rues, des places, des quais, et on reconnait facilement les principaux édifices, églises, manufactures, villas, campagnes et villages voisins, presque autant que la vue peut s'étendre. Il est difficile d'imaginer un plus beau panorama, et chaque fois que je me suis décidé à gravir cette promenade du vieux château, j'avoue que j'ai à peine senti la fatigue, tellement je respirais à l'aise à cette élévation, et tellement je me sentais heureux de planer ainsi sur tout le pays environnant.

Depuis l'annexion il a été établi au sommet du vieux château, dont on ne voit plus que quelques ruines presque rasées jusqu'au sol, plusieurs terrasses superposées, avec des bancs de repos et même des tables pour ceux qui voudraient faire une partie de quelqne jeu, ou quelque *dînette* champêtre. Au dessus de ces terrasses s'en élève une dernière avec balustrade à jour recouverte d'une lame d'ardoise, où il est loisible à chacun de faire passer son nom à la postérité, moyen que beaucoup de gens emploient faute d'en avoir de meilleur. C'est de là que je vous ai écrit l'année dernière une lettre dont vous vous souvenez sans doute.

Du reste, ce n'est pas seulement sur cette ardoise que l'on trouve des masses de noms tracés. Les larges feuilles des cactus en présentent aussi avec des légendes et des emblèmes un peu écartelés par la croissance de ces feuilles : ce sont des cœurs enflammés, des mains qui se serrent etc. avec des promesses d'aimer toute la vie, des plaintes d'infidélités etc., etc., tout celà d'un dessin primitif ou d'une orthographe naïve, qui témoignent d'études qui n'ont pas beaucoup fatigué le maître d'école.

Du vieux château on descend à volonté ou vers la ville, ou vers le port. Puisque nous connaissons déjà un peu la ville, descendons vers le port. Seulement, du point élevé où nous sommes, donnons encore un coup d'œil pour mieux en embrasser l'ensemble et en contempler tout le mouvement. Quoique peu grand, ce port offre un abri à un assez grand nombre de navires ; et cet abri est très sûr, une double jetée en pierre de taille étendant, pour protéger tout le port contre l'invasion des vagues de la haute mer, deux bras gigantesques, qui se réunissent de manière à ne laisser pour entrée qu'une passe étroite, tout au plus suffisante pour le passage de front de deux navires.

Le moyen de descendre rapidement vers le port, c'est de prendre l'un de ces petits sentiers étroits, dont j'ai parlé quand il s'est agi de monter au château. Mais par ces sentiers, quoique rapide, la descente est plus agréable que la montée. Il faut avoir soin seulement de pas accrocher ses vêtements aux pointes aigües des cactus et des aloës, et surtout de se bien garder de prendre à pleines mains, comme je l'ai fait une fois, les feuilles lisses, en apparence, des figuiers de barbarie. Car il existe sur ces feuilles même, dans les endroits les plus lisses, de petites épines imperceptibles, mais bien réelles et parfaitement aigües qui, au moindre attouchement, pénétrent sous la peau et y causent une douleur cuisante comme serait celle de la piqûre d'une guêpe. Mais il ne manque pas, sur la pente de ces sentiers, d'arbres inoffensifs auxquels, en cas de course trop rapide, on peut se retenir impunément.

Nous voici arrivés au bas. En approchant du port, saluons cette statue en marbre blanc qui du haut d'un piédestal, aussi en marbre, le regarde, étendant vers ce port l'une de ses mains. C'est celle élevée en 1829 par les négociants de Nice, au roi Charles-Félix qui avait donné aux niçois la franchise de leur port, c'est-à-dire l'exemption de tous droits pour les marchandises qu'on y apporterait. Grâce à cette franchise du Port, les habitants de Nice ont pu, pendant de longues années, avoir toutes les denrées et consommation de la vie matérielle à un bon marché fabuleux. Malheureusement le roi Victor-Emmanuel n'a pas jugé à propos de leur conserver cette faveur qui rendait Gênes jalouse, et portait tort à son commerce ; et il n'est pas probable qu'elle leur soit de nouveau accordée par le gouvernement français, qui fait en ce moment de trop grands sacrifices pour le développement et la prospérité de Nice, pour vouloir renoncer à un des principaux impôts capables de l'en dédommager.

Puisque nous voici au port, montons sur une barque et poussons jusqu'à *Villefranche.* La mer est belle ; 20 ou 25 minutes vont nous suffire pour faire ce trajet. A peine hors du port, nous longeons un magnifique boulevart planté d'arbres, appelé le Boulevart de *l'Impératrice,* et nous voilà bientôt sous les plus basses terrasses de ce château du colonel Smith dont je vous ai déjà parlé. Nous pouvons à notre gré examiner la structure pittoresque de ce château et admirer les dispositions bizarres et pleines d'originalité de ses tours, de ses terrasses et de leurs tourelles crénelées. Enfin nous voici à Villefranche, nous entrons dans sa baie l'une des plus vastes et des plus profondes de la Méditerranée.

C'est cette baie dont, avant l'annexion, le Roi Victor Emmanuel avait cédé la jouissance à la Marine Russe pour

y abriter ses vaisseaux. Aujourd'hui, elle n'y en a plus
qu'un seul. Il y est en compagnie du magnifique navire
de guerre français Le *Monte-bello*, qui après avoir fait les
plus anciennes campagnes de ce siècle, sert maintenant,
vieux guerrier en retraite, pour l'enseignement des élèves
de notre marine de guerre. Je l'ai visité plusieurs fois, et
j'avoue que j'ai trouvé admirable d'abord sa construction
gigantesque, divisée en au moins six étages, où l'on
monte par des degrés très propres comme dans une maison bourgeoise la mieux tenue. Au milieu de chaque étage
se trouvent divers appartements parmi lesquels les cabinets
des officiers. Ce sont de petites chambres, non seulement
munies dans leur petit espace de tout ce qui est nécessaire:
couchette, table, commode, etc, mais présentant encore
mêmes divers ornements de luxe, glaces, tableaux peintures, vases de fleurs etc. Mais ce que j'ai surtout admiré,
c'est l'extrême propreté qui règne dans les immenses salles que contient chaque étage ( dont chacune a sa destina-
tion particulière ) de même que dans tous les aménage-
ments de ces salles, où tout est net, poli, reluisant, comme
dans l'établissement civil le mieux tenu. Tous les jeunes
gens qui sont sur ce navire ( il y en a plus de six cents )
sont honnêtes, polis, pleins d'aménité et de condescen-
dance.

Vraiment aujourd'hui l'armée est une bonne école de
civilisation, et si ce n'était la perte de temps qu'entraine.

au point de vue de l'avenir d'un jeune homme, ce long service de sept ans, il serait à désirer que tout homme, avant de prendre une profession définitive dans la Société, eût passé quelque temps à cette école. On ne verrait pas, comme aujourd'hui dans nos campagnes, tant de gens, que l'on y rencontre souvent, à qui tout parait étrange, merveilleux, impossible, et qui ne sachant rien des choses de la vie sont portés à s'étonner de tout, à juger de tout sur les apparences, et souvent à croire dignes de blâme les choses en elles mêmes les plus indifférentes.

Excepté sa baie et les navires qu'elle abrite et que l'on peut visiter, Villefranche n'offre rien de bien remarquable. Sa situation pourtant en amphithéâtre au fond de la baie est curieuse et assez pittoresque. La ville n'est qu'une série d'escaliers. Mais en elle même c'est une bourgade sans importance, d'à peine huit cents ames, et dont toute la ressource consiste, dans les chambres et la pension qu'elle fournit à quelques officiers de la marine française et de la marine russe, et dans quelques dépenses d'extrà qu'y font les matelots de ces deux marines.

Vous parlerai je maintenant de l'excursion que j'ai faite à Monaco et dont je vous ai déjà touché quelques mots dans l'une de mes lettres.

Puisque nous nous trouvons déjà à Villefranche,

nous sommes sur la route; c'est le moment de pousser jusque là.

Peu de personnes, du reste, viennent à Nice avec le loisir d'y faire quelque séjour, sans se décider à visiter cette ville, à peine grande comme un gros village et qui pourtant forme à elle seule tout un Etat en miniature; a, comme un grand royaume, son gouvernement, sa police, sa magistrature, ses prisons, ses droits de timbre et de douane; enfin est enfermée dans une triple enceinte de fortifications, comme les villes les plus fortes du moyen-âge.

On peut arriver à *Monaco* ou par terre ou par mer. La route de terre est excessivement pittoresque, mais elle est très longue, même à la faire en voiture. D'ailleurs elle demande, après avoir quitté la voiture, une descente à pied de plus de trois quarts d'heure, par des chemins pierreux, où les pieds sont bien victimes, si les yeux sont quelque peu récréés par l'aspect pittoresque et imposant du site.

Par mer, au contraire, on y est conduit sans fatigue (des jambes du moins) sur un très joli petit bateau à vapeur qui a nom *Palmaria*. Tous les jours à midi ce bateau part du Port de Nice, emportant à *Monaco* un nombre plus ou moins considérable de voyageurs qui peuvent retourner le soir vers dix heures.

Par ce bateau, la traversée se fait d'ordinaire en une heure ou deux suivant l'état de la mer. Par un beau temps, ce petit voyage de mer est quelque chose de charmant.

Confortablement assis sur le pont du navire, les uns sur des banquettes qui en forment le pourtour, les autres sur des bancs à double face fixés au milieu, ou même sur des chaises, ordinairement sous l'abri d'une tente qui garantit des rayons trop ardents du soleil, on a le plaisir de voir défiler devant soi, à quelques mètres de distance, tout un panorama de montagnes échelonnées en amphithéâtre les unes derrière les autres, et présentant leurs croupes tantôt arrondies, tantôt aigües: les unes ne montrant que des rochers nus qui viennent baigner leur base dans la mer, les autres couvrant leurs pentes fertiles de verts bosquets d'oliviers et de citronniers.

Mais le point de vue le plus vraiment curieux de ce voyage, c'est une grande élévation en pain de sucre dominant la mer, et au dessus de laquelle est perchée, comme un immense nid de vautours, une petite ville (ancien refuge de pirates) que l'on appelle *Eza*.

Souvent la crête de ces montagnes qui bordent la côte depuis Nice jusqu'à Monaco, laisse apercevoir par derrière, les cimes neigeuses de cette portion des Alpes qu compose le département du Var et, par un beau temps, ces montagnes paraissent très rapprochées, quoique à une distance réelle d'environ 7 lieues. D'autrefois quand lei temps se dispose pour la pluie, on voit des nuages épais se trainer sur cette crête et la couvrir comme d'un immense brouillard qui en masque et en dérobe la vue, comme si le ciel s'était abaissé jusque là.

Enfin nous approchons de Monaco. On voit de loin se dresser sur un large mamelon, ou plutôt sur une vaste plate-forme assez élevée, cette ville environnée de murailles et hérissée de tours et de crénaux comme un château fort du moyen-âge. Au premier aspect ce mamelon parait peu élevé, parce qu'ils est dominé par la haute montagne de la *Turbie* qui est derrière; mais quand on arrive auprès, et qu'avec le navire, on fait le tour de toute la plate-forme où est la ville, on est surpris de son élévation, comme aussi de toute l'étendue qu'embrasse le circuit des murailles. Peu de villes sont disposées pour présenter un aspect plus grandiose à la fois et plus pittoresque. La plume peut difficilement en donner une idée.

Malgré cela, ce n'est malheureusement pas le pittoresque et le grandiose de la situation de Monaco qui attire à cette ville le plus de visiteurs. Beaucoup se laissent fasciner par un attrait, hélas ! bien plus puissant et qui devient funeste à un grand nombre. Je veux parler des jeux ; non pas des jeux de cartes ou autres qui plus ou moins se jouent partout, et ne deviennent dangereux qu'autant qu'on y joue un gros intérêt, ce qui du reste n'est permis dans aucun lieu public, mais bien des jeux dit de *roulette* et de *trente et quarante*, que la France et la plupart des autres pays ont à juste titre proscrits, mais que de petits états d'Allemagne, privés de toute autre ressource, retiennent encore, de même que Monaco, comme moyen d'attirer les étrangers.

Mon cher ami, vous avez vu comment, par une soirée d'été, des quantités de papillons se pressent dans leur vol bourdonnant autour de la chandelle que vous venez d'allumer dans votre chambre, dont la fenêtre est restée ouverte, chacun s'évertuant à en traverser subitement la flamme brillante, et y laissant presque tous, celui-ci, une aile, celui-là ses pattes, cet autre s'y brûlant tout-à-fait. Voilà une image exacte des conséquences plus ou moins désastreuses qui atteignent chacun de ceux qui s'approchent à Monaco, ou toute autre part des salons de jeu.

On se laisse séduire par l'attrait brillant d'une somme d'argent facilement et rapidement gagnée. Ce premier gain arrive à quelques uns, et presque toujours, il est un réel malheur. Car puisque l'on a gagné une fois pourquoi ne gagnerait-on pas toujours ? Et avec ce beau raisonnement que le hasard par ses caprices vient presque constamment déjouer, on se laisse entrainer à abandonner successivement, sur le tapis vert, des sommes de plus en plus considérables, et souvent l'on ne s'arrête que quand porte-monnaie et portefeuille se trouvent vidés, et que l'on est dépouillé, quelquefois fois jusqu'à la plus petite pièce de monnaie ; heureux quand on a conservé de quoi payer son coucher, au cas, où un trop mauvais temps ne permettrait pas de revenir à Nice le soir même, ce qui arrive quelquefois, et heureux encore, quand cet argent perdu n'est pas, comme je l'ai su de quelques uns, le seul dont ils pouvaient disposer pour payer leur hôtel ou leurs frais courants.

Heureusement que j'ai su me mettre à l'abri d'une pareille tentation en ne portant strictement sur moi, quand je suis allé à Monaco, que l'argent nécessaire pour mon voyage et pour mon diner. Sans cette précaution, peut-être n'aurais-je pas été plus fort que les autres. Aussi je ne jette pas la pierre à ceux qui se laissent ainsi entrainer. Je les ai plusieurs fois considérés, et j'ai toujours vu que, principalement pour le joueur qui gagne un peu, l'argent n'a plus de valeur. Les pièces d'or, les billets même de cents francs, si pénibles à gagner pour le plus grand nombres, ne sont que de jetons qui ne représentent à ses yeux que la valeur des chances(bien souvent trompeuses)de gain, qu'elles peuvent lui offrir. Le joueur, en proie à une vraie fièvre qui arrive jusqu'au vertige, ne voit réellement plus que ces chances, et perd de vue tout autre considération du passé, du présent et de l'avenir. Et, non content des avantages que la banque a déjà contre lui, il lui en abandonne encore de plus grands, en jetant à tort et à travers son argent sur le tapis, sans règle, sans calcul, sans attention même aux probabilités, avec une indifférence qui attriste, envoyant à pleines mains ce qu'il n'a recueilli que goutte à goutte.

Tous, il est vrai, ne jouent pas avec cette folie. Quelques uns suivent divers systèmes, qui ont du moins l'avantage de les empêcher de jouer si souvent ; ils peuvent perdre, et presque toujours ils finissent par là, mais il perdent moins, n'étant pas aussi sujets aux entrainements, et les alternatives de gain qui arrivent nécessairement leur aidant un peu à compenser leurs pertes. Certainement pour ces esprits froids et calmes, qui savent se modérer dans le gain et s'arrêter dans la perte, le jeu pourrait ne pas avoir des conséquences aussi funestes. Mais ces esprits là sont en si petit nombre, et le nombre de ceux que l'entrainement du jeu domine et pousse à leur perte est si considérable, qu'il y a bien plus de motifs pour les gouvernements d'interdire les jeux que de les tolérer.

C'est sans doute par crainte de ces entrainement que beaucoup de gens évitent de séjourner à Monaco, dont pourtant le climat est plus chaud, plus égal et infiniment plus favorable pendant l'hiver que celui de Nice. Mais cette fatale roulette, dont le mirage trompeur attire comme le miroir attire les alouettes, et souvent fait périr de même, leur inspire une crainte bien légitime et les éloigne d'un pays, peut-être l'un des plus beaux du monde, et qui, sans le jeu, pourrait être fréquenté par les plus brillantes sociétés. Le Casino est magnifique, les salles en sont grandes et richement décorées. Deux fois par jour, dans l'après-midi et dans la soirée on y fait de la musique. Il y a soirées dansantes les jeudis et les dimanches. Une magnifique terrasse, environnée de jardins, domine la mer dont on peut considérer de là la vaste étendue, et dont on est séparé que par quelques allées d'oliviers dont le feuillage d'un vert pâle repose les yeux et n'est pas assez touffu pour masquer le point-de-vue. Ce serait un vrai bonheur, les soirs d'été, d'y respirer la fraîche brise de mer, venant tempérer agréablement la chaleur de la saison. Mais la salle de jeu est à côté, et le tintement des pièces d'or sans cesse remuées soit par les banquiers, soit par les joueurs, arrive jusque là vous solliciter de son leurre décevant. Or, adieu toute tranquillité, tout calme, toute respiration paisible d'un air pur et frais. La fièvre, une fièvre brûlante et folle, allumée par ce tintement métallique, s'empare des imprudents qui ont mis leurs oreilles à sa portée. Vainement voudraient-ils rester en place. Il faut se lever, courir près du tapis vert, le couvrir de l'or qui pèse dans les poches, jusqu'au moment où le fatal rateau enlevant votre dernière pièce, vous laisse seul à seul avec votre regret et vos remords.

Je le répète, la tentation est trop grande, et les gens bien avisés ne s'y exposent pas.

L'aspect grandiose de la petite ville même de Monaco existe surtout vu de la mer ou d'en bas des murailles. Car l'intérieur n'offre guère que de petites rues étroites, avec de méchantes petites boutiques sans apparence dans le genre de celles que je vous ai dit composer à Nice l'ancienne ville. Il y a pourtant quelques beaux édifices, le Palais du Prince d'abord, dont la masse blanche, surmontée de hautes tours carrées à créneaux se voit dans toutes les directions. Il donne sur une assez vaste place, d'où l'on aperçoit à gauche la vaste mer et à droite le port et toute la perspective des montagnes qui dominent Monaco et dont la chaine se continue jusqu'en Italie.

Les autres édifices de Monaco sont divers hôtels, plusieurs églises avec quelques tableaux de maître, et les bâtiments et jardins de l'ancien cercle avec jardin et terrasse au dessus du Port. Ces bâtiments et un magnifique bois d'oliviers et d'autres arbres entremêlés d'allées servant de promenade et qui dominent toute la mer, voilà ce que Monaco contient de plus remarquable. On cite aussi avec raison comme une merveille les jardins du Prince. Je les ai visités et j'y ai vu, ce dont je n'aurais jamais soupçonné l'existence, des plantes, que nous avons chez nous en pots, arrivées à des proportions gigantesques, par exemple des touffes de géraniums, sans exagération, de la grosseur d'un grand arbre.

J'allais oublier de vous mentionner le plus bel établissement de Monaco, celui qui, sans les jeux, devrait faire la fortune de ce pays, je veux dire, ses bains.

C'est un bel édifice, qui s'élève à la fois coquettement et majestueusement au bord de la plage, à l'extrêmité du port, en face de la haute mer qui vient y faire mourir ses vagues poussées par le vent. J'ai rarement vu un emplacement plus favorable pour le bain. Là, les pieds des baigneurs se posent douillettement sur un fond de sable fin, et ne sont pas, comme à Nice et dans beaucoup d'autres endroits, déchirés ou meurtris par des cailloux durs et aigus. Là, encore, celui qui n'est pas très habile à la natation peut sans danger prendre tous ses ébats, le terrain ne s'abaissant dans la mer que par une pente douce qui permet de ne se donner qu'autant de profondeur d'eau qu'on en désire. Oui je le répète donc, sans les jeux, Monaco aurait encore dans ses bains seuls, s'ils étaient plus connus, une source de brillante prospérité,

Je ne dois pas non plus passer sous silence la célèbre *procession traditionnelle de Monaco*, qui a lieu chaque année le vendredi saint, attirant un grand concours de curieux de Nice et de tous les pays environnants. C'est une espèce de promenade religieuse, aux flambeaux, d'une série de personnages (dont quelques enfants) costumés pour représenter en action les principaux mystères du christianisme

En tête de la procession on voit Adam et Eve, d'abord dans le Paradis, (représentés par deux enfants); puis Eve mangeant la pomme (un autre enfant); puis l'ange chassant Adam et Eve (trois autres enfants). J'ai beaucoup aimé le geste avec lequel l'enfant qui fait l'ange repousse Adam et Eve quand ils font mine de vouloir revenir vers le Paradis. Puis s'avance Judas, faisant sonner les pièces d'argent qu'il a reçues pour trahir Jesus qu'un autre personnage représente plus loin en robe rouge, emmené par des soldats habillés en turcs; puis, un peu plus loin, le même Jesus (un autre personnage) attaché à la colonne et flagellé par d'autres soldats. Plus loin encore toujours Jésus, (mais un autre personnage) portant une énorme croix et tombant de temps en temps sous ce fardeau que de mauvais traitements des soldats le forcent à reprendre ainsi que sa marche. Puis les femmes qui suivent Jésus au Calvaire, dont l'une porte étendu un linge où s'est reproduite la divine face; puis enfin Jésus en croix et sa mère en pleurs, figurées pas des statues de cire portées toutes deux sous une sorte de dais que soutiennent les épaules de plusieurs jeunes filles. Enfin à la suite, le clergé de Monaco suivi de la magistrature et des gendarmes du pays et de quelques hommes et beaucoup de femmes qui accompagnent la procession. Ce spectacle d'une naïveté primitive et qui rappelle les représentations des *mystères* du moyen-âge, est curieux et peut intéresser une fois celui qui ne le connait pas.

Je vais maintenant laisser Monaco, son site, son climat, ses jeux et leurs dangers, ses bains même et aussi sa procession, pour vous parler d'une autre excursion plus paisible et moins périlleuse pour la bourse, mais qui m'a donné tout autant d'agrément.

Un de mes amis, qui habite Cannes, m'avait offert d'aller passer quelques jours auprès de lui, et je voulus profiter de cette invitation pour visiter un peu en détail ce pays qui m'avait paru si beau, quand, du pont du navire qui m'emportait de Marseille à Nice, j'avais aperçu pour la première fois, comme je vous l'ai dit, ses collines verdoyantes où s'élèvent de gracieuses villas si coquettement encadrées de bosquets fleuris.

J'arrivai à Cannes en quatre heures par la diligence. Le nouveau chemin de fer (qui vient d'être inauguré) fait maintenant le trajet en une heure et demie y compris trois quarts d'heure d'omnibus, car il n'arrive pas encore à Nice. Je trouvai Cannes comme ville, bien inférieur à ce qu'il m'avait paru comme site, vu, comme je l'ai dit, du bateau de Marseille. Ce n'est à proprement parler, qu'une longue rue que traverse la route, une route souvent poudreuse, ce qui laisse supposer beaucoup de boue en temps pluie.

Mais ce qui a fait et fera encore la fortune de Cannes, et a fait choisir ce pays comme lieu de résidence presque habituelle par les riches anglais qui y ont fait bâtir les villas dont j'ai parlé, c'est son admirable climat, qui est à la fois chaud et doux; c'est aussi sa situation au bord de la mer sur une belle et vaste plage de sable uni, ce qui la rend aussi favorable pour les bains que celle de Monaco, sans le danger des jeux; c'est enfin cette puissance de végétation qui couvre en toute saison la campagne comme d'une avalanche de fleurs. Voilà ce qui rend si beau les environs de Cannes, que l'on parcourt à travers de véritables champs de roses et de violettes, semées et cultivées ici comme les raves dans nos climats.

C'est à travers ce magnifique pays, et par des sentiers bordés à droite et à gauche de buissons de roses, que j'ai eu l'occasion de visiter, en compagnie de mon ami et de quelques camarades qu'il avait réunis, un petit village, aussi près de la mer, à quelques kilomètres de Cannes et qu'on appelle la *Napoule*, ce qui en grec signifie nouvelle ville. La situation pittoresque de ce village, élevé sur une côte hérissée de rochers coupés presqu'à pic, et qui surplombent la mer dont les flots mugissent au bas, nous a beaucoup intéressés. Le temps passé à cette visite et au voyage nous avait donné de l'appétit. Nous n'eumes donc rien de plus pressé que de chercher un endroit favorable pour y étaler notre *déjeûner* que nous avions fait porter avec nous. Nous l'eumes bientôt trouvé; chacun de nous s'étendit sur la mousse du rocher, sous quelques chènes-lièges qui se trouvaient là, à l'endroit où il domine la mer. On développe les mets, et nous voilà fonctionnant à qui mieux mieux. Les bouteilles se débouchant, eurent bientôt animé la gaité. On raconta des histoires, on dit quelques gaudrioles dont le bruit de la mer emporta les mots les plus risqués. Et tout se termina avec la fin des mets et les bouteilles vides.

Pour moi j'ai eu un véritable plaisir à me sentir étendu sous ces beaux arbres, abrité du soleil par leur feuillage touffu, et ayant devant moi l'immensité de la mer dont j'entendais les flots se briser sour nos pieds.

Le déjeûner achevé, après quelques jeux, nous nous dirigeames vers des ruines que nous apercevions de là. Ce sont celles de deux vieux châteaux, avec tours, tourelles et toutes les apparences de constructions grecques ou romaines,

Le soir nous étions de retour à Cannes, et un rendez-vous était pris avec les mêmes personnes pour visiter le lendemain de compagnie les deux îles de Lérins, que l'on apperçoit de Cannes à la distance d'à peine deux portées de fusil. L'une d'elles, je vous l'ai dit, est *Sainte Marguerite*, dont le château fort est célèbre surtout parce qu'il servit de prison à ce personnage mystérieux à qui le peuple a donné le nom d'*homme au masque de fer*.

Dans la visite de ce château, une pensée m'occupait. C'était de savoir par quelle fenêtre, l'homme au masque de fer avait jeté à un pêcheur le plat d'argent, sur lequel il avait écrit, sans doute, ce qu'il était et le motif de sa détention. Je me suis parfaitement convaincu que ce plat n'avait pu être jeté par *aucune fenêtre*, l'embrasure des fenêtres du fort n'ayant pas moins de près de deux mètres d'épaisseur et étant fermée de trois fortes grilles à près de deux pieds de distance l'une de l'autre, chacune avec des barreaux contrariés, ce qui rend impossible de faire sortir par là quoi que ce soit. Si donc ce plat fut jeté, ce n'a pu être que par le conduit de la fosse d'aisance qui en effet aboutit au pied du donjon, et c'est là que le hazard le fit trouver par un pêcheur à qui la circonstance *qu'il ne savait pas lire*, put seule sauver la vie.

Ce château est encore aujourd'hui une prison d'état et, il y a quelques années, on y gardait une centaine d'arabes Kabyles venus d'Algérie, et dont toute l'occupation consistait à s'étaler au soleil, enveloppés dans leurs burnous, à promener dans leur doigts jaunes les grains de leurs chapelets, ou à jouer entre eux à quelques jeux, sans qu'on ait pu jamais obtenir d'eux aucun travail.

Passé la visite du fort, l'île Sainte Marguerite n'offre rien de remarquable: c'est une vaste forêt de pins. Tout à côté est Saint Honorat, la seconde des îles de Lérins. Elle n'est séparée de l'île Sainte Marguerite que par un petit bras de mer de la largeur d'une rivière. Ce qu'elle offre de plus digne d'attention, c'est une haute tour qui n'est autre chose qu'un puits ou plutôt une source, la seule de l'île. Voilà pourquoi elle a été si bien défendue. Cette tour et quelques ruines d'un vieux monastère qui aussi avait servi de fort, voilà tout Saint Honorat. Cette île qui n'avait jamais été habitée que par des pirates ou par des moines, possède aujourd'hui une sorte de ferme-école pour l'éducation agricole des enfants trouvés du département et sans doute des départements voisins.

Les ruines du monastère sont curieuses et les murs en sont creux et pleins de cachettes, de trappes et de souterrains. . . . . . . . . . . . . . .

Me voilà maintenant de retour à Nice, mon cher ami, avec la pensée de la quitter bientôt. Déjà le soleil devient plus chaud. Il commence même à être un peu ardent vers le milieu du jour. Beaucoup d'étrangers prennent leur vol vers d'autres climats. Ils étaient venus chercher la chaleur des contrées méridionales, maintenant c'est la fraîcheur des pays septentrionaux qu'ils vont ambitionner· Vos lettres aussi me sollicitent au retour. Déjà, me dites-vous, le soleil dégagé des brumes de l'hiver commence à vous montrer, à vous aussi, sa face plus pure et plus brillante. Les oiseaux heureux d'avoir échappé aux frimas, vous font eux aussi entendre sous le feuillage naissant leurs doux gazouillements. Des fleurs émaillent de nouveau le gazon paré d'une verdure nouvelle. Cette verdure, symbole de l'espérance, ravive, dites-vous, dans vos cœurs le souvenir de l'absent. La mère appelle son fils, l'ami désire son ami. Comment résister à de si doux appels, quand soit-même on sent son cœur vide et son âme isolée. Car, on a beau dire, l'étranger c'est toujours l'étranger. Quels que soient les agréments que puisse nous offrir un pays, de quelque air doux et pur qu'il puisse rafraîchir notre poitrine, de quel ciel bleu et de quel brillant soleil qu'il puisse réjouir notre œil et éblouir notre regard, ce n'est pas la patrie, le pays, le foyer.

Si là ne se rencontrent pas pour nous nos affections intimes: les parents qui guidèrent notre enfance ; les amis qui en partagèrent les jeux; les êtres animés et inanimés qui les premiers frappèrent nos regards, éveillèrent nos premières sensations, développèrent nos premiers sentiments ; ou si, du moins, une nouvelle famille n'y rattache pas nos pensées, nos affections, nos espérances à des êtres aimés et présents qui partagent avec nous nos impressions et s'en montrent heureux; toutes ces beautés laissent notre âme froide et n'émeuvent point notre cœur. Notre pensée, un instant distraite, retombe plus lourde sur elle-même, pour nous rendre plus triste notre isolement ; et, si l'espoir de le voir finir par un heureux et prochain retour vers les choses et les personnes aimées, ne venait nous soutenir et maintenir notre patience, notre raison et la nécessité même ne suffiraient pas à nous sauver du découragement, loin qu'aucune douceur, aucune beauté, aucune richesse de climat suffit à nous retenir.

Oh ! mon cher ami, qu'il me tarde de presser de nouveau votre main d'une étreinte cordiale et fraternelle ! Oh !, ma bonne mère, combien vont m'être doux de nouveau vos embrassements ! Et avec quel bonheur je vais revoir ces lieux, ces objets qui me sont surtout chers, parce que vous les avez animés de votre douce présence, et que leur souvenir se trouve surtout mêlé à votre souvenir. Mon pauvre Pyrame, tu languis de l'absence de ton maître ; mais je t'aime parce qu'une main plus chère se pose quelquefois sur ta tête et sur ton cou pour en caresser le poil soyeux.

Et toi, mon bon cheval, toi que l'absence de ton maître tient dans un repos et une oisiveté qui te pèsent, console-toi, ton maître non plus ne t'a pas oublié. Toi aussi tu lui rappelles des souvenirs de la patrie ! Et il sera heureux de reprendre avec toi les courses dont ton activité se montrait si flattée. Je veux avec toi visiter de nouveau les lieux chers à mon souvenir. Tu me reconduiras encore sur ces bords où l'*Albarine*, cet autre torrent qui n'est pas le Paillon, roule au travers des rochers, son eau rapide et écumante, qui nourrit dans son cristal limpide la Truite aux écailles mouchetées et au goût fin et délicat, l'Ombre non moins appréciée des amateurs, ainsi que la Dremille, et aussi le petit goujon dont la friture n'est pas sans mérite et se mange même avec plaisir faute de mieux.

Tous ces lieux, je les reverrai, et, de retour le soir au foyer, nous deviserons ensemble de nos bons souvenirs d'autrefois, et même de ce petit récit de mon voyage, que j'ai écrit à votre intention, heureux de vous le dédier, et heureux aussi que vous vouliez y voir un témoignage de ma vive et sincère amitié pour vous, comme aussi de tout mon désir de vous montrer combien la vôtre est pour moi douce et précieuse.

Oh! oui, mon cher Gallet, croyez que je vous considère vraiment comme mon ami, mon vrai ami, et que je suis bien sincèrement heureux de votre affection. Vous et ma bonne mère, vous occupez la plus grande place dans mon cœur. Aussi tressaille-t-il à la pensée de vous revoir bientôt tous deux, et, loin que Nice, avec toutes ses beautés, ait pu réussir à me faire vous oublier, il n'aura fait, au contraire, que me rendre votre souvenir plus cher, votre présence plus douce et plus nécessaire, et plus vif le bonheur de me retrouver auprès de vous.

*Nice ce 8 avril* 1863.

**C. B.**

www.ingramcontent.com/pod-product-compliance
Lightning Source LLC
Chambersburg PA
CBHW070022110426
42741CB00034B/2282